# OBST

## Osnabrücker Beiträge zur Sprachtheorie

November 2003 66



# Diagnose und Schrift I:

## *Die Schreiber*

Herausgegeben von

Monika Baumann und Jakob Ossner

# Osnabrücker Beiträge zur Sprachtheorie



Anschrift der Redaktion:

Redaktion OBST
Hermann Cölfen
Paschacker 77
47228 Duisburg

OBST im Internet:
http://www.linse.uni-essen.de/linse/obst/index.php
Satz: Sabine Walther
Titelbild: Elisabeth Cölfen
Herstellung und Vertrieb: Gilles & Francke Verlag, Duisburg

ISSN 0936-0271
ISBN 3-924110-66-2

# Inhalt

Monika Baumann

# Diagnose und Schrift 1: Die Schreiber *(Editorial )*

Mit dem Begriff Diagnose – von griechisch *diagignōskein* „genau untersuchen, unterscheiden" – verbindet man als erste Assoziation in der Regel nicht die Schrift. Am geläufigsten ist er in der Medizin: Eine Diagnose beantwortet die Frage, wie es einem Menschen gesundheitlich geht. Nach genauer Untersuchung wird eine Krankheit festgestellt – die gestellte Diagnose kann natürlich auch „gesund" lauten. Auch in der Botanik und Zoologie ist Diagnose ein wichtiger Begriff. Die Frage lautet hier jedoch nicht „Wie geht es dem Tier?", sondern es wird die systematische Stellung einer Tier- oder Pflanzenart anhand ihrer Merkmale bestimmt: „Was ist das für ein Tier / eine Pflanze?"

Aber auch bei der Schrift spielt der Diagnoseaspekt eine Rolle. In vielen Bereichen wird Geschriebenes genau untersucht und analysiert, um auf dieser Grundlage zu Aussagen oder Entscheidungen zu kommen, die die Person betreffen, von der das geschriebene Material stammt. Die Beiträge in diesem und im folgenden Heft sollen dazu einen Überblick geben.

Im vorliegenden ersten Heft geht es um diagnostische Untersuchungen, die Informationen über bestimmte Eigenschaften der schreibenden Person ans Licht bringen sollen. Im zweiten Heft, das als OBST 67 erscheint, stehen diagnostische Verfahren zur Ermittlung der Schreibfähigkeiten der Schreibenden im Zentrum.

Die Beiträge in beiden Heften kommen aus unterschiedlichen Disziplinen: Sprachdidaktik, Psycholinguistik, historische Soziolinguistik, Forensik, psychologische Handschriftenanalyse. Dabei finden sich beide oben angesprochenen Aspekte der Diagnose wieder: die genaue Untersuchung und die Unterscheidung. Basierend auf Schriftmaterial versucht man entweder den Zustand einer Person zu untersuchen, die etwas geschrieben hat – z. B. Probleme von Lernenden beim Schriftspracherwerb oder Charaktereigenschaften von Schreibenden. Oder das Ziel der Diagnose ist die Antwort auf die Frage „Wer hat das geschrieben?", z. B. bei anonymen Erpresserschreiben.

*Osnabrücker Beiträge zur Sprachtheorie 66 (2003), 5-9*

Natürlich ist der Aspekt der Diagnose auch bei der Rezeption von Schrift, beim Lesen von Bedeutung. In der Sprachdidaktik gibt es diagnostische Verfahren, die den Stand des Leseerwerbs untersuchen, z.B. Lesetests oder Lesetranskripte (vgl. Baumann 2003, Hagemann 2003), in der Neurolinguistik gibt es u.a. Fallstudien zu erworbenen Lesestörungen (Alexien, für einen Überblick Klicpera & Gasteiger-Klicpera 1998[2], Kap. 9.1), die psychologische Leseerwerbsforschung zieht anhand gelesener Schriftdaten Rückschlüsse auf verwendete Lesestrategien (für einen Überblick Scheerer-Neumann 1997), usw.

Da Gelesenes jedoch im Gegensatz zu Geschriebenem medial bedingt flüchtig ist, spielt es als Datenbasis in der historischen Soziolinguistik, der Sprachgeschichtsforschung oder auch in der Forensik keine Rolle. Die Beiträge in beiden OBST-Heften zu „Diagnose und Schrift" behandeln daher nur die Produktion schriftlicher Daten.

Abhängig von Forschungsdisziplin und Anwendungsfeld variieren natürlich die diagnostischen Zielsetzungen. Um nur Beispiele zu nennen: In der Sprachdidaktik interessiert der Verlauf des Schriftspracherwerbs, z.B. die Rechtschreibfähigkeiten zu einem bestimmten Zeitpunkt des Erwerbs oder die Schwierigkeiten nicht deutschsprachiger Lernender. Die Psycholinguistik fokussiert kognitive Aspekte des Schreibprozesses. Die forensische Schriftvergleichung und die forensische Linguistik suchen nach Merkmalen, anhand derer vor Gericht oder in der kriminalistischen Untersuchung Personen verlässlich als Produzenten von Schriftproben identifiziert werden können. In der psychologischen Handschriftenanalyse werden Aussagen über Persönlichkeitsmerkmale der Schreibenden getroffen, und die historische Soziolinguistik schließlich versucht anhand von Geschriebenem Informationen über den soziokulturellen Hintergrund oder die kognitiven Fähigkeiten längst verstorbener Personen zu erhalten.

Abhängig von den verschiedenen Zielsetzungen und der im jeweiligen Bereich zu ermittelnden Information divergieren wiederum die diagnostischen Vorgehensweisen. Die in beiden OBST-Heften versammelten Beiträge unterscheiden sich beispielsweise schon grundsätzlich darin, welche Ebene der Schrift für die Diagnose überhaupt relevant ist.

Die psychologische Handschriftenanalyse (*Wallner/Gosemärker*) und die forensische Schriftvergleichung (*Hecker*) untersuchen die graphetische Ebene der Schrift, also die Ebene, die in der gesprochenen Sprache der Phonetik entspricht. Es interessiert die Art der Ausführung der Schriftzeichen, z.B. die Neigung oder die Größe von Buchstaben.

Der historisch-soziolinguistische Beitrag (*Böhm/Gessinger*) setzt auf der Ebene des graphischen Inventars an. In der Vergangenheit standen Schreibenden zeitgleich verschiedene graphische Inventare zur Verfügung, von denen das jeweils passende gewählt werden musste.

Die orthographische Ebene spielt bei den sprachdidaktischen und psycholinguistischen Beiträgen, die im zweiten Heft erscheinen werden, sowie in der forensischen Linguistik (*Kniffka*) eine Rolle. Für letztere ist schließlich auch die grammatische Ebene – Wortwahl, Satzbau – wichtiger Gegenstand der Analyse.

Dass die deutsche Orthographie das Sprachwissen der Schreibenden abbildet, ist im Beitrag von *Manuela Böhm* und *Joachim Gessinger* von großer Bedeutung. Ihr Ziel ist die Diagnose der schriftsprachlichen Kompetenz, des sprachlichen Wissens und der Mehrsprachigkeit von Schreibenden im 18. Jahrhundert. Zu dieser Zeit gab es in Deutschland verschiedene graphische Inventare, die jeweils adäquat verwendet werden mussten. Wer einen Brief in Schreibschrift verfasste, wechselte ständig zwischen der deutschen Schreibschrift (Kurrentschrift) für deutsche Wörter und der lateinischen Kursive für nicht-deutsche Wörter bzw. Texte. Spätestens am Beispiel morphologisch komplexer Wörter, bei denen ein einer anderen Sprache entlehntes Morphem einen Schriftwechsel innerhalb des Wortes verlangte, wird deutlich, welcher Grad an Sprachbewusstheit für den korrekten Schriftgebrauch nötig war. Böhm und Gessinger dient der Schriftwechsel als diagnostisches Werkzeug für ihre historisch-soziolinguistischen Studien, mit dessen Hilfe sie einmal den Schriftspracherwerb deutscher Muttersprachler und in einer zweiten Studie den Sprachwechsel französischer Einwanderer im 18. Jahrhundert analysieren. Neben dem Schriftwechsel dienen aber auch noch andere Merkmale der schriftlichen Quellen als Basis für Rückschlüsse auf die Schreibenden. So werden in einem Brief Silbengrenzen markiert, während Wortgrenzen Probleme bereiten, was auf eine im Schreiben ungeübte Person schließen lässt. In einem anderen Beispiel dienen aber auch Grammatik und Stil eines Briefes dazu, die Nationalität der Schreiberin zu identifizieren.

Um die Identifizierung der Person, die ein Schreiben verfasst hat, geht es auch in den folgenden drei Beiträgen, die aus dem forensischen Bereich kommen. Im ersten Beitrag von *Hannes Kniffka* argumentiert er für die Notwendigkeit einer systematischen linguistischen Analyse bei der Beurteilung von orthographischen Daten in der Forensik. Er bestimmt zunächst grundsätzlich die Rolle der forensischen Linguistik, diskutiert ausführlich methodologische Aspekte des forensisch-linguistischen Gutachtens und wendet sich dann dem Problem zu, wie orthographische Merkmale, die für die Beschreibung und Erklärung schreiberspezifischen Verhaltens relevant sind, erkannt und bewertet werden können. Während in der Schriftspracherwerbsforschung mit der Fehleranalyse der Erfolg beim Schriftspracherwerb und eventuelle Probleme dabei untersucht werden (vgl. die Beiträge von *Cholewa, Grießhaber,* und *Herné* im kommenden Heft), sollen hier orthographische Fehler und Eigentümlichkeiten die schreibende Person identifizieren bzw. den Kreis der als Schreibende in Frage kommenden Personen einschränken helfen. Kniffkas zweiter Beitrag behandelt schwerpunktmäßig den Unterschied zwischen Texturheber- und Schreiburheberschaftsanalyse – wer sich einen Text ausdenkt, schreibt ihn nicht auch zwangsläufig selber auf. So kann beispielsweise ein Drohbrief lexikalische und grammatische Eigentümlichkeiten aufweisen, die von der textenden Person stammen, während die orthographischen Merkmale dieses Drohbriefes von einer anderen Person produziert wurden, die den Text aufs Papier brachte.

*Manfred Heckers* Ziel ist ebenfalls die Identifizierung der Person, die ein Schreiben geschrieben hat. Anders als der forensische Linguist Kniffka analysiert der Forensiker Hecker auf graphetischer Ebene die Handschrift von Tatschriften. Er beschreibt ein von ihm mit entwickeltes computergestütztes Verfahren zur forensischen Schriftvergleichung, das es ermöglicht, Aussagen zum Geschlecht der Person zu machen, die ein Schreiben geschrieben hat. Auf rein quantitativer Basis gelingt dies dem Computer mittels graphometrischer Methoden und Mustererkennung besser als Menschen, deren „Intuitionen" darüber, ob es sich um die Handschrift einer Frau oder eines Mannes handelt, oft zu falschen Ergebnissen führen.

Auch der letzte Beitrag analysiert die Handschrift, unterscheidet sich jedoch sowohl in der Zielsetzung als auch hinsichtlich der Methodik deutlich vom vorhergehenden Artikel. Er behandelt die psychologische Handschriftenanalyse. Deren Ziel ist nicht die Antwort auf die Frage, wer ein Schreiben geschrieben hat, sondern die Ermittlung von Persönlichkeits- und Charaktermerkmalen einer Schreiberin oder eines Schreibers anhand der Handschrift. Angesichts der Bedeutung, die eine solche Analyse u.U. haben kann – Handschriftenanalysen werden häufig im Personalwesen bei Bewerbungsverfahren eingesetzt – ist eine kritische Darstellung dieses Anwendungsfeldes sinnvoll. *Teut Wallner* und *Rosemarie Gosemärker* geben einen Überblick zur psychologischen Handschriftendiagnostik, zur Geschichte des Fachs und zu methodischen Aspekten und diskutieren die Möglichkeiten und Grenzen der Handschriftendiagnostik.

Die Beiträge in den beiden Heften „Diagnose und Schrift" kommen aus der Didaktik, der Psychologie, der historischen Soziolinguistik und der Forensik, also aus Forschungsfeldern, die auf den ersten Blick nicht (alle) direkt benachbarte Disziplinen sind. In allen Bereichen wird aber auf der Grundlage von Schriftmaterial eine Diagnose vorgenommen. Die Hefte sollen verschiedene diagnostische Blickwinkel und unterschiedliche Verfahren und Vorgehensweisen bei der Analyse schriftlicher Daten zusammenbringen.

## Literatur

Baumann, Monika (2003): Lesetests. In: Bredel, Ursula/ Günther, Hartmut/ Klotz, Peter/ Ossner, Jakob/ Siebert-Ott, Gesa (Hg.): Didaktik der deutschen Sprache. Bd. 2. Paderborn u. a.: Schöningh, S. 869-882

Hagemann, Jörg (2003): Lesediagnose auf der Grundlage von Transkripten. In: Didaktik Deutsch 15, S. 33-45

Klicpera, Christian/ Gasteiger-Klicpera, Barbara ($1998^2$): Psychologie der Lese- und Schreibschwierigkeiten. Entwicklung, Ursachen, Förderung. Weinheim: Beltz

Scheerer-Neumann, Gerheid (1997): Lesen und Leseschwierigkeiten. In: Weinert, Franz E. (Hg.): Enzyklopädie der Psychologie. Bd. 3: Psychologie des Unterrichts und der Schule. Göttingen: Hogrefe, S. 279-325

Manuela Böhm & Joachim Gessinger

# Schriftwechsel


## Abstract

Im folgenden Beitrag unternehmen wir den Versuch, Handschrift, Graphie und Verschriftungsstrategien als diagnostische Instrumente für historische Texte einzusetzen und mit ihrer Hilfe auf sprachliches Wissen, muttersprachliche bzw. fremdsprachliche Kompetenzen und Art des Schriftspracherwerbs von Schreiberinnen und Schreibern zu schließen. Im Mittelpunkt stehen zwei Fallstudien, zum einen die Rekonstruktion des Schriftspracherwerbs anhand von Schulheften einer Familie aus dem Artland vor 1800 und zum anderen die Analyse hugenottischer Schriftlichkeit in Berlin im 18. und 19. Jahrhundert. In beiden Fallstudien erscheint die gleichzeitige Verwendung verschiedener Schriften und der damit zusammenhängende Schriftwechsel als Normalfall. Er tritt entweder als Bigraphie bei fremdsprachlichen Lexemen in deutschen Texten auf oder als graphischer Indikator beim regelrechten Wechsel in eine andere Sprache, also im Kontext von Mehrsprachigkeit.


## 1. Deutsche Bigraphie

Als die ‚Deutsche Deputation' der Berliner Akademie der Wissenschaften 1792 sich in ihrer ersten wissenschaftlichen Unternehmung daran machte, die Etymologie des Wortes ‚Hagestolz' aufzuklären, brachte auch das Akademiemitglied Carl Wilhelm Ramler, Direktor des Berliner Schauspielhauses, seine Mutmaßungen zu Papier. Die Notiz beginnt mit den Worten „De jure hagestoltiatus, übersetzt: Von dem Rechte der Zaunpfähle [...]" und endet mit dem Nachsatz: „Die drey ersten Wörter haben mich verführt lateinische Buchstaben zu gebrauchen".[1]

Seit dem 16. Jahrhundert hat sich die deutsche Schreibschrift neben der vorgängigen lateinischen Kursiven etabliert. Dies führte im Bereich der deutschen Schriftlichkeit zu einer *Bigraphie* von deutscher Schrift und lateinischen Kursiven in ihren jeweiligen verschiedenen Varianten. Es geht im

1 Carl Wilhelm Ramler, 1. Juli 1792. Archiv der Brandenburg-Berlinischen Akademie der Wissenschaften (BBAW), V, 13a, Bl. 73r.

Folgenden nicht um unterschiedliche Schriftsysteme (Verschriftungsverfahren wie Alphabet- oder Silbenschrift), sondern unterschiedliche graphische Inventare oder Schriften. Bigraphie (oder Polygraphie) ist also von dem in Anlehnung an Fishmans ‚Diglossie' geprägten Begriff der Digraphie im Sinne einer funktionalen Verwendung unterschiedlicher Schrift*systeme* zu unterscheiden. In den hier vorgestellten Fällen geht es um Bigraphie mit oder ohne Biliterazität, also um die Verwendung verschiedener Schriften *eines* Schriftsystems zur graphischen Darstellung mehrerer Sprachen im Rahmen von Einsprachigkeit oder der mehr oder weniger stark ausgebildeten Fähigkeit, mehrere Sprachen lesen und schreiben zu können.[2] Dabei werden unterschiedliche Prinzipien der Verschriftung sichtbar.

Im elementaren Lese- und Schreibunterricht in der Schule mussten zumindest acht graphische Inventare gelernt werden: Deutsche Kurrentschrift als Schreibschrift, Fraktur als Druckschrift, lateinische Kursive als Schreibschrift und Antiqua als Druckschrift – und diese jeweils als Minuskel und Majuskel. Hinzu kam Kalligraphie, die als ‚Schönschreiben' Teil des Schreibunterrichts war. Alle diese Schriften weisen diachronische und diatopische Varianz auf und lassen sich zu Schriftfamilien gruppieren.[3]

Neben den graphischen Grundformen der Buchstaben waren für alle acht Schriften Ligaturen sowie die Schreibung von Di- und Trigraphen zu lernen, von den Abbreviaturen und den diakritischen Zeichen nicht zu reden. Gegenüber den Druckschriften kam bei den kursiven Schreibschriften noch die Gestaltung der Ober- und Unterlängen und der Buchstabenverbindungen hinzu. Kalligraphie gehörte mit zum Stilrepertoire geübter Schreiber. Ein besonderes ästhetisches, schreibtechnisches und -motorisches Problem war die Gestaltung der Verbindungen von Groß- und Kleinbuchstaben und der Übergänge beim Schriftwechsel, das heißt die Verbindung von Buchstaben aus den unterschiedlichen graphischen Inventaren.[4]

Doch damit nicht genug. Die Regeln für die passende Schrift für die jeweilige Sprache wollten beachtet werden. Die Grundregel war einfach:

---

2 Vgl. dazu Dale 1980 und Coulmas 1996. Der Begriff der ‚Einsprachigkeit' kann hier, wie sich zeigen wird, nur sehr vorläufig verwendet werden.

3 Im Folgenden werden die beiden Familien summarisch als ‚deutsche Kurrentschrift' und ‚lateinische Kursive' bezeichnet.

4 Vgl. Kap. 3.1.

Alle deutschen Wörter und Texte wurden mit deutscher Kurrentschrift, alle Wörter bzw. Texte anderer europäischer Volkssprachen mit lateinischen Alphabeten mit verschiedenen Varianten der lateinischen Kursive und schließlich griechisch und hebräisch mit ihren jeweiligen Alphabeten geschrieben. Auch wenn der Berliner Schulrat Gedike 1779 meinte, es sei „schon fast überall aus der Mode gekommen (wenigstens im Druck), sie [die Fremdwörter] mit andrer Schrift zu schreiben“[5], so hat der Setzer in Gedikes Aufsatz doch konsequent alle nicht-deutschen Lexeme in Antiqua gesetzt, und zumindest in den Handschriften wird der Schriftwechsel, der nach Gedikes Auffassung die deutschen Schriften wie ein „Hanswurstrock“[6] aussehen ließ, ungebrochen weiter durchgeführt.

Hier ein Beispiel aus einer Gerichtsakte[7] aus dem Jahre 1766:

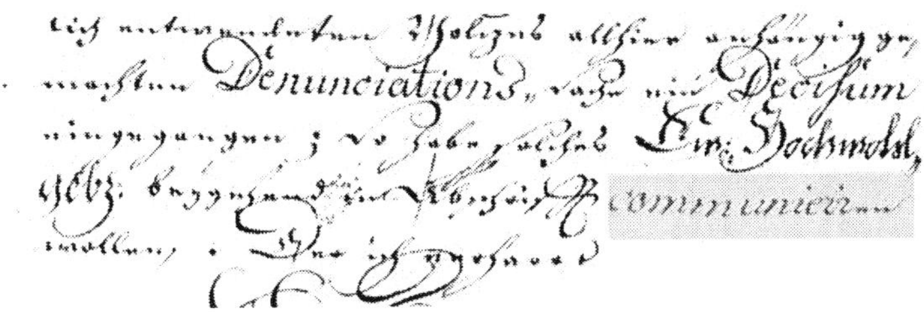

*Abb. 1*

Komplizierter wurde es bei Fremdwörtern mit deutscher Morphologie und deutschen Lexemen mit Fremdprä- und -suffixen. Hier wurde ggf. an der Morphemgrenze das graphische Inventar gewechselt. Ein korrekter Graphiewechsel lässt auf ein hinreichend präzises Wissen über die Provenienz von Lexem und Flexionsmorphologie schließen. Relativ klar sind die Fälle bei den Ableitungsmorphemen wie -*i(e)r*en ( < frz. -*er*, *ier*; < lat. -*ire*), bei denen die französische Provenienz regelmäßig markiert wurde, und -ität (< frz. -*eté*), das in der Regel deutsch geschrieben wurde.

Lehnwörter, die ihre Provenienz noch erkennen ließen, wurden teils mit dem einen, teils mit dem anderen Inventar verschriftet. Als Beispiele seien

5 Gedike 1779:401.

6 Gedike 1779:397.

7 Superintendentur Neustadt an der Orla. Kirchenstuhlsachen, Nr. 1. Zur besseren Identifizierung sind die Belegstellen hier wie in den folgenden Beispielen grau unterlegt.

hier ein französischer und ein deutscher Brief des Berliner Buchhändlers Georg Decker an den Administrator der Berliner Akademie, v. Hertzberg, von Anfang 1794 aufgeführt.[8] Die eingedeutschte Schreibung *Excellenz* wird im deutschen Brief auch deutsch geschrieben:

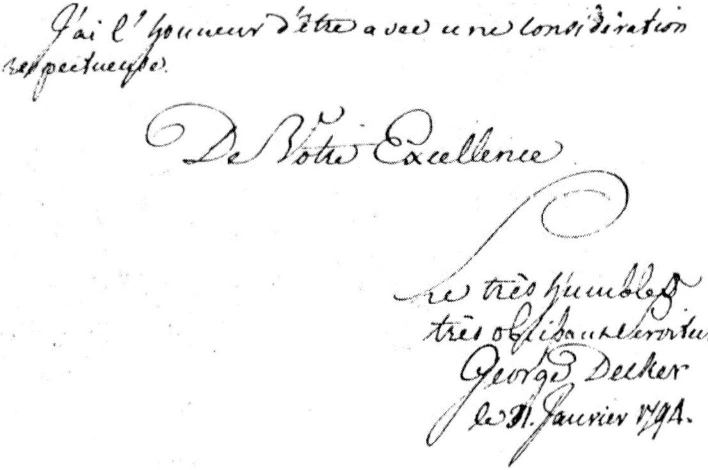
J'ai l'honneur d'être avec une considération respectueuse

De Votre Excellence

le très humble & très obéissant serviteur
George Decker
le 31. Janvier 1794.

*Abb. 2*

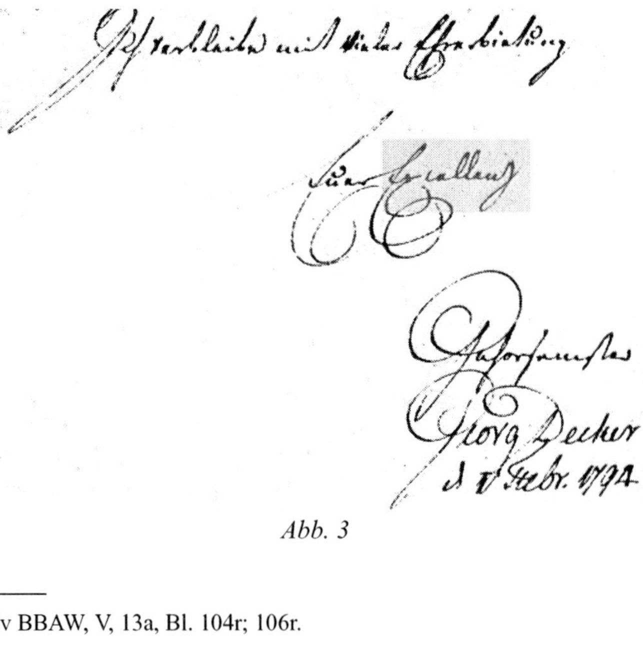
Ich verbleibe mit vieler Ehrerbietung

Euer Excellenz

Gehorsamster
Georg Decker
d 1 Febr. 1794

*Abb. 3*

8 Archiv BBAW, V, 13a, Bl. 104r; 106r.

Hingegen schrieb K. Ph. Moritz in seiner Denkschrift ‚Über die Kultur der deutschen Sprache' von 1791, möglicherweise im Sinne der kulturpatriotischen Stoßrichtung seiner Argumentation, durchgängig nicht nur ‚Kultur' in deutscher Schrift, sondern auch die ‚deutsche Nation'. Eine eigene Mischung bevorzugte J. K. G. Moehsen in einer Notiz[9] von 1791:

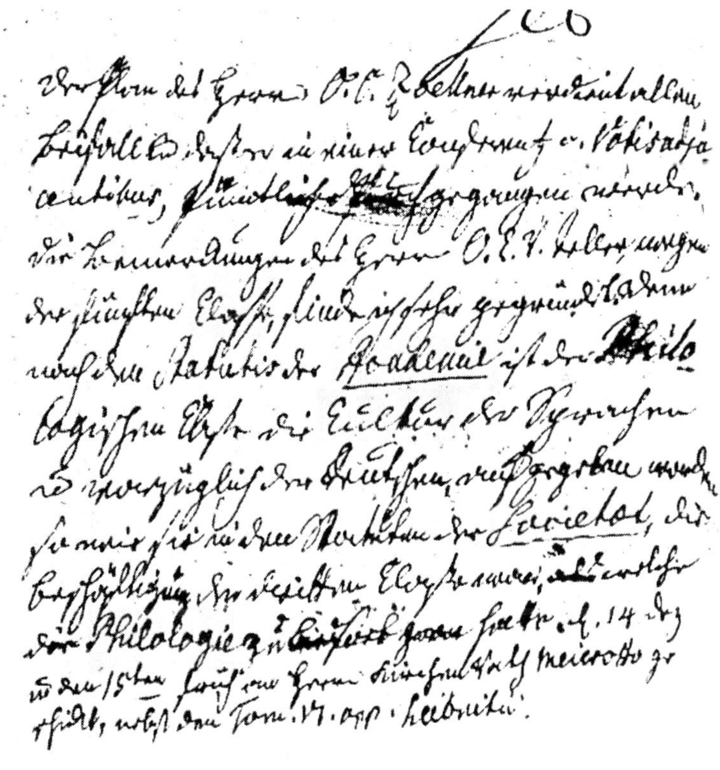

*Abb. 4*

Er schrieb *Philologie, Academie* und *Socie*tat konsequent mit lat. bzw. gemischter lateinisch-deutscher Graphie, aber ‚Cultur' und ‚Classe' nicht, wie zu erwarten, in lat. Kursiven, sondern in deutscher Schrift. Allgemein lässt sich festhalten, dass Eigennamen teilweise in lateinischer, teilweise in deutscher Schrift geschrieben wurden. Nicht vollständig alphabetisierte Schreiber bevorzugten bei der Unterschrift Druckbuchstaben oder machten

9 Archiv BBAW, V, 13a, Bl. 11r.

drei Kreuze. Über den korrekten Graphiewechsel hinaus waren für die richtige Wahl des graphischen Inventars die Regeln der Groß- und Kleinschreibung, der Worttrennung bzw. des Zeilenumbruchs anzuwenden.

Wenn bei ausgebildeten Schreibern wie dem Akademiemitglied und Direktor des Berliner Schauspielhauses Ramler ein derartig entschuldigter Fauxpas auftritt, dann deutet dies zum einen auf ein ausgeprägtes graphiebezogenes Normbewusstsein hin, zum andern wird hier der kognitive Aufwand sichtbar, der beim Schriftwechsel geleistet werden muss. Vorderhand geht es um den richtigen Griff zur richtigen Zeit in das richtige graphische Inventar.[10] Darüber hinaus aber müssen die zu schreibenden Wörter morphologisch analysiert und die einzelnen Komponenten auf ihr Herkommen geprüft werden. Bei möglichen Schreibvarianten wie in Kultur/Cultur, Klasse/Classe und Exzellenz/Excellence zeigt sich, ob das Lexem noch als Fremdwort oder schon als deutsch verschriftetes Lehnwort angesehen wird. Bei Ramler wird aber noch ein weiterer Aspekt deutlich. Die Verwendung fremdsprachiger Lexeme ist zuweilen verbunden mit dem Wechsel in bestimmte Domänen, hier etwa der juristischen Fachsprache, zuweilen auch mit dem Wechsel in eine andere Sprache. Vor allem im letzteren Fall indiziert der Schriftwechsel den Umstieg in ein nicht nur graphisch anderes Norm- und Regelsystem.

Schriftwechsel kann also auf ganz unterschiedliche sprachliche Strategien, Wissensbestände und mutter- wie fremdsprachliche Kompetenzen verweisen. Für die Sprachgeschichtsforschung, insbesondere für die historische Soziolinguistik, bietet sich damit ein diagnostisches Werkzeug an, das uns über Spracherwerbsprozesse und sprachliches Wissen Aufschluss geben kann – Bereiche, deren Erforschung durch die oft mangelhafte Quellenlage schwierig ist.

Im Folgenden werden diese diagnostischen Möglichkeiten an zwei Fallstudien aus dem 18. und frühen 19. Jahrhundert prototypisch gezeigt: dem Schriftspracherwerb deutscher Muttersprachler und dem französisch-deutschen Sprachwechselprozess von Hugenotten.

10 S. u., Kap. 3.4.

## 2. Schriftspracherwerb im Artland um 1800

Schulhefte einer Familie aus Mimmelage, einem Dorf im Osnabrückischen, aus einem Zeitraum von 1767 bis in die 30er Jahre des 19. Jahrhunderts befinden sich als Teil eines Hofarchivs im Archiv des Museumsdorfs Cloppenburg. Die Hefte enthalten Schreibübungen mehrerer Kinder der Familie.

*Abb. 5*

Auf dem Deckblatt des Schulhefts[11] von Susanna Dürfeld, einem der Kinder der weit verzweigten Familie, finden sich unterhalb des kalligraphisch ausgeführten Namens zwei deutsche Sinnsprüche von vermutlich unterschiedlicher Hand. Der erste könnte von Susanna Dürfeld selbst stammen, wobei die Schrift zwar schon eine weit reichende Beherrschung der graphischen Ausdrucksmöglichkeiten verrät, aber relativ dicht an den idealen Buchstabenformen bleibt. Die Hand des zweiten Sinnspruchs wirkt hingegen deutlich ausgeschriebener und schreibt bis auf den Zeilenanfang alles klein – auch *gott*. Sie unterscheidet sich vor allem durch die runderen Bögen beim <n> und <m> und eine eher lateinische Schreibung von <d>, <a> und <o>. Die gleiche Hand findet sich in den beiden Übersetzungen der lateinischen Sprüche, so dass wir annehmen können, dass auch die lateinischen Verse von derselben Hand stammen. Ob diese Hand nun einem der Lehrer oder aber einem anderen der Familienangehörigen gehört, die, wie das Schulheft belegt, Latein lernen, bleibt Spekulation. Offensichtlich aber gelingt hier der obligate Schriftwechsel nur unvollkommen: <r*errum*> (*rerum*) ist nicht nur falsch geschrieben, sondern auch falsch verschriftet, denn das <r> gehört nicht zum lateinischen, sondern zum deutschen Inventar. Bei der Übersetzung der zweiten lateinischen Lebensweisheit orientiert sich die Schreibung von *anfang* eher an der lateinischen denn an der deutschen Schrift. Diese Unsicherheiten im Wechsel und die kursorisch auftretenden Mischformen deuten auf eine nicht vollständig ausgebildete ‚plurigraphische' Kompetenz des Schreibers oder der Schreiberin.[12]

Die Schulhefte zeigen nun, wie eine derartige Kompetenz erworben wurde. Immer wieder findet sich Schriftwechsel im Text: bei lateinischen Sentenzen, zu Auszeichnungswecken, in den Vokabellisten. Ganze Texte sind in der lateinischen Kursive geschrieben. Wir werden dies im Folgenden an sechs unterschiedlichen Kontexten zeigen.

1. Buchstabenformen
2. Schreibmotorik/Buchstabenverbindungen

---

11 Museumsdorf Cloppenburg. Hofarchiv Oing-Ellerlage. Schulheft Dürfeld, Deckblatt. Das Schulheft Dürfeld ist mit dem älteren Schulheft Schechtmann-Scherhage zusammengebunden und unpaginiert. Das Schulheft Dürfeld wurde von Susanna und Hermann Jacob Dürfeld benutzt.

12 Vgl. dazu insgesamt die zweite Fallstudie.

3. Schriftwechsel
4. Auszeichnungen
5. Vokabellisten
6. Lateinische und holländische Texte

## 2.1. Buchstabenformen

Die graphischen Inventare der beiden Schriften wurden den Schülern in Form von Schrifttafeln vorgegeben, die das Inventar entweder als Einzelbuchstaben, also als ABC, oder aber in graphischen Einheiten aus mehreren Buchstaben und Ligaturen präsentierte. Dies zeigt eine Seite aus einem Ansbacher Schreibmeisterbuch von 1781.[13]

Johann Gottfried Koeppel, ein Blatt aus dem Schreibmeisterbuch »Vorübungen . . .«, Ansbach 1781; Ansbach, Regierungsbibliothek

*Abb. 6*

13 Illustration aus Brod 1968 [o. S.].

Eine Übung nach diesem Muster findet sich auch in unserem Material.

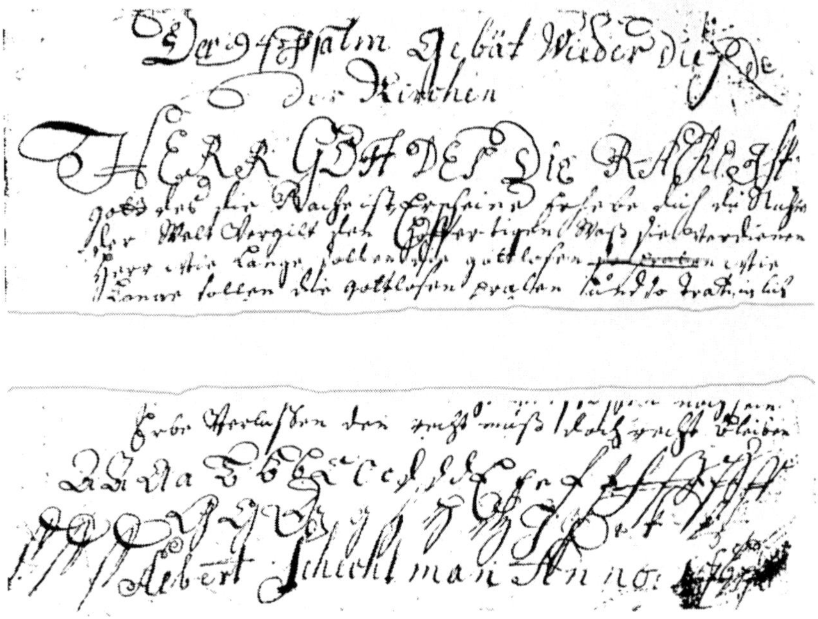

*Abb. 7*

Beim Nachschreiben dieser ‚Vorschriften'[14] wurde auf die richtige Zurichtung und Haltung der Feder geachtet, um die feineren Anstriche und die dickeren Buchstabenschäfte graphisch ausgewogen auf das Papier zu bekommen. Da dieses teuer war, wurde jede noch unbeschriebene Fläche benutzt. Im Fall der hier analysierten Schulhefte haben mehrere Generationen der Familie als Schüler die Hefte voll geschrieben, und so finden sich häufig Schreibübungen aus verschiedenen Stadien des Schriftspracherwerbs oder verschiedener Schüler auf einer Seite. In diesem Fall stammt die Abschrift des Psalms, wie die ‚Signatur' am Fuß der Seite zeigt, von Albert Schechtmann aus dem Jahr 1769, das ABC zwischen Text und Unterschrift ist vermutlich auch von ihm, möglicherweise aber zu einem späteren Zeitpunkt in den freien Raum geschrieben worden.

14 Schulheft Schechtmann-Scherhage. Dieses Heft diente drei Kindern (Albert und Johann Heinrich Schechtmann, Bernhard Scherhage) zu Schreibübungen und umfasst einen ungefähren Zeitraum von 1764-1779.

In diesem Alphabet der deutschen Schrift werden Groß- und Kleinbuchstaben von A - K in verschiedenen Varianten geschrieben. Zusätzlich werden unterschiedliche Ligaturen von <ff> geübt. Das Spiel mit diesen Allographen setzt den Erwerb eines Grundinventars der deutschen Schrift voraus.

## 2.2. Schreibmotorik/Buchstabenverbindungen

Ein besonderes Problem bei der deutschen Schrift ist die Diskrimination von <n>,<m>,<u>,<i>. Wie auch im Schreibmeisterbuch finden sich im Schulheft Dürfeld entsprechende Übungen von Hermann Jacob Dürfeld aus dem Jahre 1792.

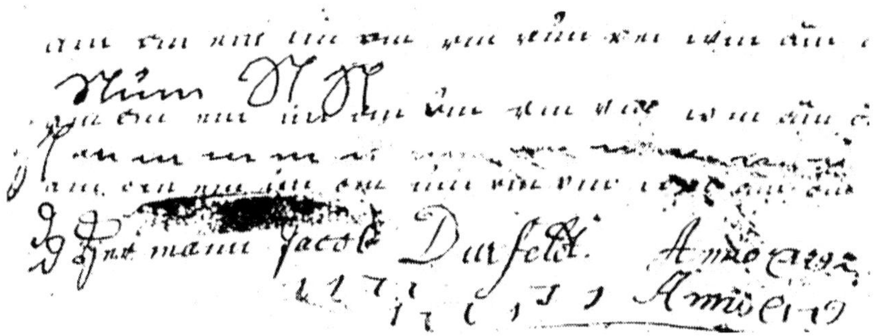

*Abb. 8*

Von der gleichen Hand ist das Datum <*Anno*> korrekt in lateinischer Kursive geschrieben, der Name etwas weniger, was darauf hindeutet, dass während des Übens der deutschen Schrift schon gewisse Fertigkeiten auch in der lateinischen Schrift vorlagen.

Das nächste undatierte Blatt, vermutlich auch von Dürfeld, zeigt graphische Einheiten[15], die die notorisch problematischen Buchstaben in Kombination mit den ebenfalls ähnlich aussehenden Buchstaben mit Unterlängen <g> und <q> zeigen. Ähnliches zeigt wieder das Schreibmeisterbuch.

15 Schulheft Dürfeld. Inwieweit hier auch Konzepte einer ‚graphischen Silbe' eine Rolle spielen, ist aus dem verfügbaren Material leider nicht zu erschließen. Zumindest aber können diese Übungen nicht auf phonische Silben bezogen werden. Vgl. zur Schreibung phonischer Silben den Fall der Witwe Morain, Kap. 3.1.

Die Enden der Zeilen werden mit den letzten Buchstaben des Alphabets <v>,<w>,<x>,<y>,<z> und den Umlauten <ä>,<ö> und <ü> gefüllt.

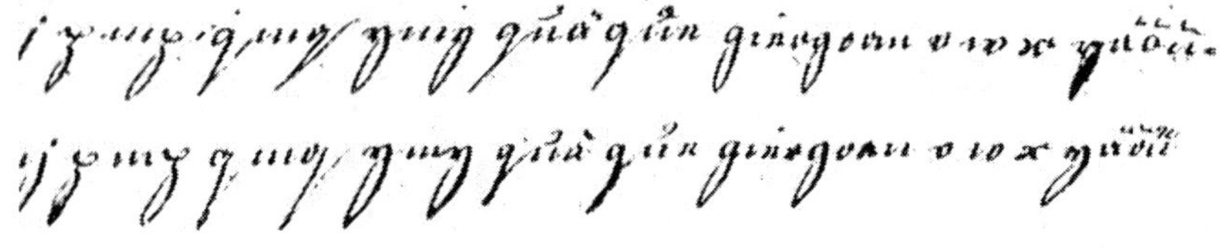

*Abb. 9*

Bei diesen graphischen Einheiten werden neben der optischen Diskrimination die Buchstabenverbindungen geübt, d. h. ihre graphische und motorische Realisierung.

## 2.3. Schriftwechsel

Wenn auch die Befunde darauf hindeuten, dass die Inventare der deutschen und lateinischen Schrift gleichzeitig, wenn auch mit möglicherweise unterschiedlicher Kompetenz vorhanden waren, so findet sich in den Heften kein einziger Beleg für ein kontrastives Erlernen oder Üben der Inventare. Schriftwechsel taucht auf den Blättern nur in drei Formen auf: Schriftwechsel als Mittel der Textauszeichnung, bei fremdsprachigen Lexemen in deutschen Texten, in Vokabellisten und bei fremdsprachigen Sentenzen bzw. ganzen Texten. Mit anderen Worten, es gibt keine Übungen in lateinischer Kursive, keine Schreibung von Einzelbuchstaben oder Buchstabenverbindungen. Wenn dies nicht der Überlieferung durch die Quelle geschuldet ist, dann ließe sich daraus die Hypothese formulieren, dass zunächst die deutsche Schrift in ihren Grundzügen erworben wurde und dann auf der Basis vorhandener graphischer Fähigkeiten die lateinische Schrift als Variante hinzukam. Die Vervollkommnung im Schreiben wurde dann in beiden Schriften gleichzeitig geübt.

Wenn diese Hypothese zutrifft, dann wäre ein erster logischer Schritt im Erwerb der lateinischen Schrift ihr Einsatz als Auszeichnungsschrift.

## 2.4. Textauszeichnungen

*Abb. 10*

Auf dieser Seite im Schulheft Schechtmann-Scherhage wird neben der Fraktur die lateinische Kursive in der Überschrift eingesetzt und trotz des norddeutschen Interferenzfehlers *Mach* dürfte es sich um eine Abschrift einer Vorlage handeln. Ganz sattelfest ist der Schreiber allerdings nicht, das <s> in *welches* ist ebenso wie das <r> in *der* und *Gebraucht* eher dem deutschen Inventar entnommen. Gegenüber der relativ ausgeschriebenen deutschen Schrift wirkt die lateinische Kursive reichlich ungelenk.

## 2.5. Listen

Bei Vokabellisten versteht sich ein Wechsel der Schrift von selbst.

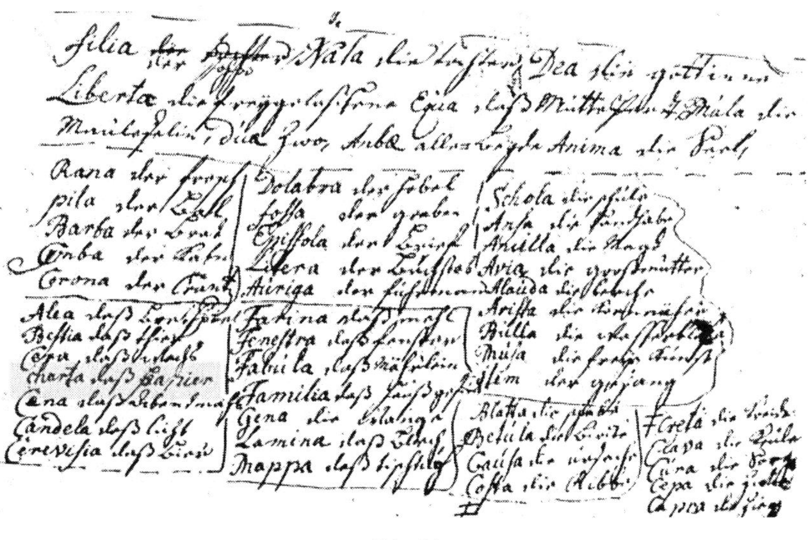

*Abb. 11*

In der durch gestrichelte Linien abgetrennten unteren Hälfte der Seite[16] finden sich teilweise alphabetisch geordnete Listen von lateinischen Wörtern mit nebenstehender deutscher Übersetzung. Wie sorgfältig hier die Schrift gewechselt wird, lässt sich am Eintrag <*charta* daß P*apier*> erkennen. Da Papier ein Fremdwort ist, wird es konsequenterweise ebenfalls in lateinischer Kursive geschrieben. Die Verschreibung mit dem kleinen <p> in Papier wird allerdings nicht durch eine lateinische Majuskel korrigiert, sondern durch eine Schleife, die eher zum großen deutschen <P> gehört.

Auch bei der folgenden Liste[17] lateinischer Vokabeln, die nach Endungen sortiert sind, wird selbst bei Lehnwörtern wie <*pfingsten*> (zu *Pentecoste*) in die lateinische Kursive gewechselt.

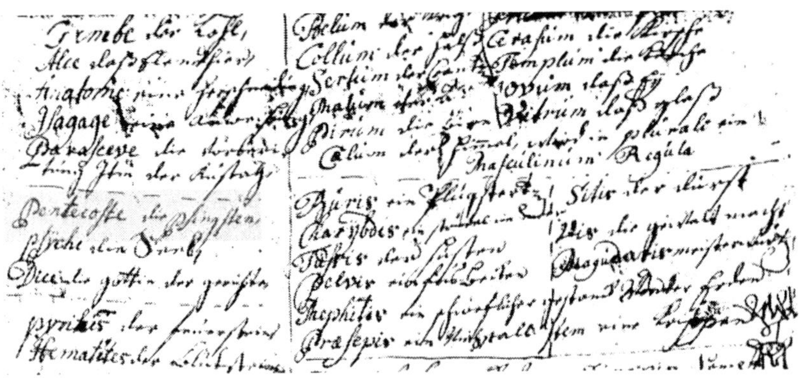

*Abb. 12*

## 2.6. Lateinische und holländische Texte

Bei größeren Texten wird nun deutlich, dass zwar die Schreibung von Fremd- und Lehnwörtern in der lateinischen Kursiven erfolgt, aber die graphischen Inventare bei der Schreibung von lateinischen und anderen, nicht-deutschen Texten, unterschiedlich sind. Ein holländischer Text ‚in honoren [sic] patris'[18] gibt ein völlig anderes Schriftbild als die lateinischen

16 Schulheft Schechtmann-Scherhage.

17 Schulheft Schechtmann-Scherhage.

18 Schulheft Schechtmann-Scherhage.

Texte, hier unterscheiden sich holländische Kursive und die lateinische Auszeichnungsschrift.

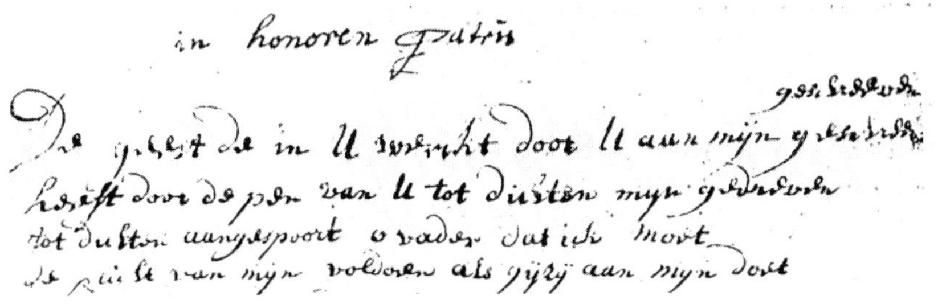

*Abb. 13*

Mit anderen Worten, wenn, wie es sich hier andeutet, der Schreiber neben Latein noch andere Fremdsprachen lernt, dann wechselt er auch zwischen verschiedenen Varianten der lateinischen Kursive. Dies führt zuweilen, wenn Textauszeichnung, Fremdwortmarkierung und fremdsprachige Texte auf einem Blatt zusammentreffen, zu einer bemerkenswert reichhaltigen Plurigraphie. Wir überlassen es den Leserinnen und Lesern, die Zahl der auf dem folgenden Blatt[19] (Abb. 14 auf der folgenden Seite) verwandten Schriften zu ermitteln.

Wir fassen zusammen: Schriftwechsel erfolgt innerhalb deutscher Texte bei der Schreibung von Fremd- und Lehnwörtern und beim Wechsel in eine andere Sprache. Dabei werden die Varianten innerhalb der jeweiligen Schriftfamilie genutzt, sei's aus ästhetischen oder schreibtechnischen Motiven bei der deutschen Schrift, sei's zur Schreibung unterschiedlicher Fremdsprachen. Kalligraphien waren in dem Material nur im Zusammenhang mit der deutschen Schrift zu beobachten.

Der Erwerb graphischer Fähigkeiten erfolgte vermutlich im ersten Schritt ‚monographisch'. In einem zweiten Schritt wurde die Schreibung von Fremd- und Lehrwörtern gelernt und die neu erworbene lateinische Kursive auch als Auszeichnungsschrift verwendet. Verbunden mit dem Erwerb der ersten und weiterer Fremdsprachen war dann die Ausbildung der Graphie ‚plurigraphisch' angelegt.

---

19 Schulheft Schechtmann-Scherhage.

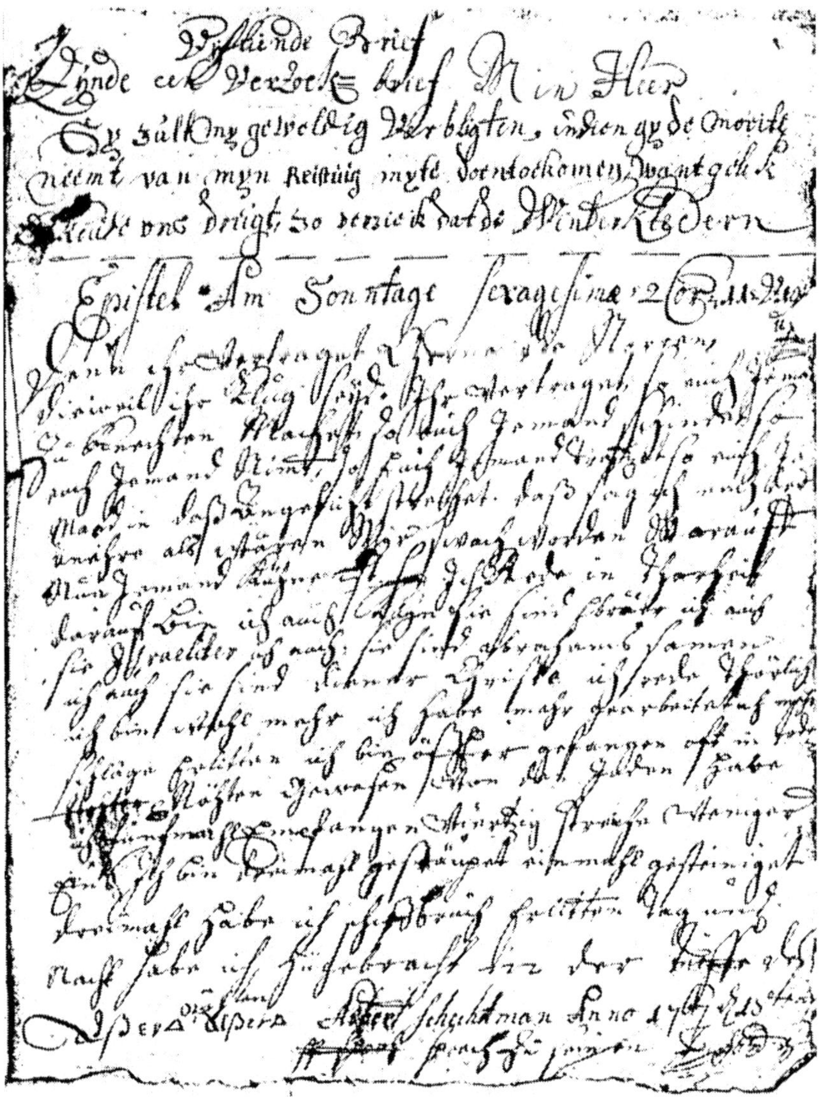

*Abb. 14*

Schriftwechsel indiziert also sehr unterschiedliche Aspekte des Schriftspracherwerbs: das Wissen um die Provenienz von Lexemen in Verbindung mit morphologischer Analyse, die Fähigkeit, unterschiedliche Textteile graphisch besonders zu markieren, und nicht zuletzt die Beherrschung von Fremdsprachen nicht nur in ihrem lexikalischen Bestand, wie dies bei reinen Übersetzungsübungen der Fall wäre, sondern auch in ihrer jeweiligen graphischen Repräsentation. Letzteres ist Voraussetzung für eine erfolgreiche Korrespondenz mit fremdsprachigen Briefpartnern, und es nimmt nicht wunder, dass für die Kinder der reichen Bauern im Artland, unweit der holländischen Grenze, gerade der Erwerb des geschriebenen Holländischen auf dem Lehrplan stand.

Schriftwechsel und Plurigraphie ist damit mehr als nur graphischer Indikator von Mehrsprachigkeit. Wechsel der Sprache erfordert auch die Beherrschung unterschiedlicher Formen der Verschriftung. Der an diesem Material sichtbar werdende souveräne Umgang mit sprachspezifisch unterschiedlichen Graphien lässt darauf schließen, wie wichtig zumindest in der zweiten Hälfte des 18. Jahrhunderts die Vertrautheit mit anderen Schriftkulturen wurde, wenn Mehrsprachigkeit im Spiel war.

Der regelgerechte Schriftwechsel lässt auf ein hinreichendes sprachliches Wissen schließen, das beim formalen Schriftspracherwerb im Rahmen des Elementarunterrichts erworben wurde. Welche Strategien im Einzelnen bei der Verschriftung zum Tragen kamen, wird erst dann deutlich, wenn der geschriebene Text idiosynkratische Schreibungen aufweist, also dem jeweils geltenden orthographischen Regelapparat nicht entspricht. Dies dürfte vor allem dann zu erwarten sein, wenn der Schriftwechsel nicht im muttersprachlichen Kontext, sondern im Zusammenhang von Sprachwechselprozessen bei Migranten auftritt.

Die folgenden Fallbeispiele stammen aus Akten der 1725 gegründeten *Maison des Orphelins*, dem vom französischen Konsistorium verwalteten Waisenhaus der französischen Réfugiés in Berlin. Die diesem Artikel zugrunde gelegten Texte befinden sich im Archiv der Französischen Kirche Berlin und datieren aus den Jahren zwischen 1765 und 1820.[20] Vier handschriftliche Texte werden als Modelle für zwei zu analysierende Prozesse herangezogen. Zunächst wird anhand des Briefes der Witwe Morain von 1790 gezeigt, welche verschiedenen Strategien beim Verschriftungsvorgang sichtbar werden und wie daraus auf die Schriftkompetenz der Schreiberin geschlossen werden kann. Ein ganz anderer Aspekt lässt sich aus den Texten

---

20 Sie stammen aus dem Archiv der Französischen Kirche Berlin (AFrD). 901. Rep 04-610 Vol. 31 und AFrD. Rep. 04 XIV 6.

der Schreiber Lanis, Humbert und de Seymour modellieren: Die drei Texte repräsentieren unterschiedliche Stadien des französisch-deutschen Sprachwechselprozesses der französischen Réfugiés. Dieser Sprachwechsel ist als prozessualer Auf- und Abbau von Mehrsprachigkeit zu fassen: von der französischem Einsprachigkeit der Einwanderergeneration (Pierre Lanis) über die temporäre Mehrsprachigkeit ihrer Nachfahren (Philippe Humbert) zur asymmetrischen Mehrsprachigkeit (Julie de Seymour). Der Abschluss des Sprachwechselprozesses mündet in der deutschen Einsprachigkeit. Die Texte der ausgewählten Schreiber lassen die jeweiligen Sprachverhältnisse erkennen, die diesen Prozess des Sprachwechsels bestimmen.

## 3. Schriftwechsel im Sprachwechselprozess der Berliner Hugenotten

### 3.1. Verschriftungsstrategien

#### *3.1.1. Äußeres Erscheinungsbild der Handschrift*

Der über zwei Seiten angelegte Brief (Abb. 15) der Witwe Louise Morain aus Potsdam von 1790 an De Latre, *Économe* der Berliner *Maison des Orphelins*, zeigt eine ungeübte Hand. Die Schreiberin neigt eher zu Druckbuchstaben denn zu einer Kursive, was nicht nur an der Schriftneigung, sondern auch daran erkennbar wird, dass die einzelnen Buchstaben nicht immer untereinander verbunden sind. Die Schreiberin hat sichtbar Probleme mit der Blattaufteilung; vor allem die Beherrschung des rechten Rands und des Zeilenumbruchs bereiten ihr Mühe. Die ungleichmäßige Tintenverteilung auf dem Blatt rührt vom Neuansatz der Feder nach dem Eintauchen in die Tinte her. Schriften geübter Schreiber vermeiden Spuren dieses Vorgangs. Form und Anlage des Briefes deuten darauf hin, dass es sich hier um eine Schreiberin handelt, die wenig Praxis im Umgang mit Schriftlichkeit und Schreibmaterialien hat.

Am Beispiel des Briefes der Witwe Morain soll gezeigt werden, mit welchen verschiedenen Strategien Texte verschriftet werden können. Aus den Schreibprinzipien lässt sich auf vorhandenes sprachliches Wissen und die Modalitäten des Spracherwerbsprozesses der Schreiberin schließen.

Die Lesbarkeit des Textes wird durch zwei sofort ins Auge fallende Charakteristika beeinträchtigt: durch die fehlende Markierung jeglicher Satzstruktur und die ‚deplazierte‘ Setzung von Wortzwischenräumen (Spatien).

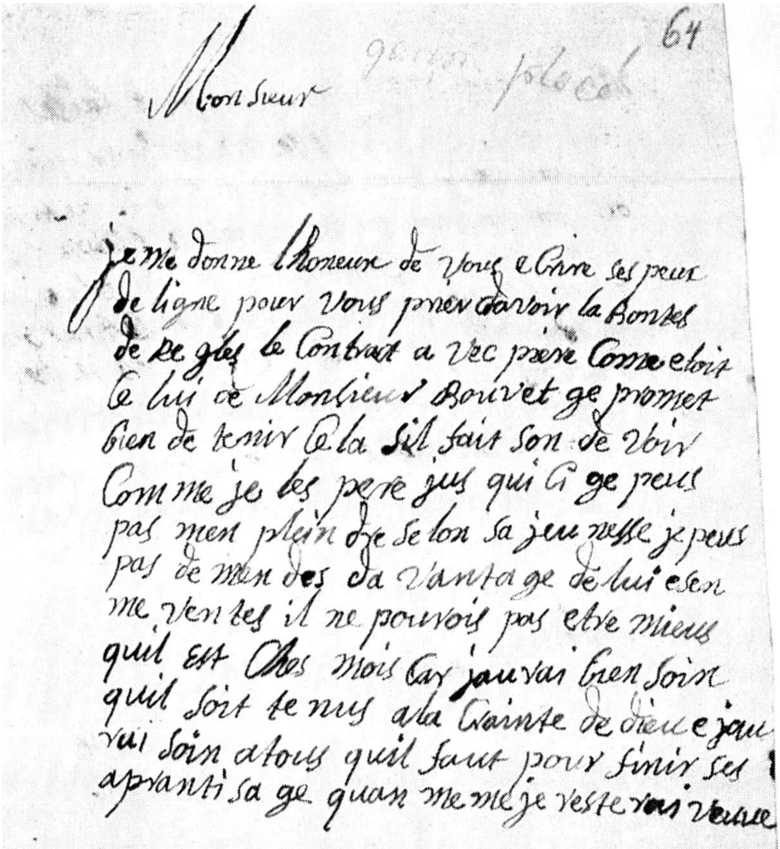

Monsieur

je me donne lhoneur de vous ecrire ses peu
de ligne pour vous prier davoir la bontes
de re gler le Contrat a vec pere Comme etoit
Ce lui de Monsieur Bouvet ge promet
bien de tenir Cela Sil fait son de voir
Comme je les pere jus qui Ci ge peus
pas men plein dre Se lon Sa jeu nesse je peus
pas de man des da vantage de lui esen
me ventes il ne pouvois pas etre mieus
quil est Ches mois Car jau vai bien Soin
quil Soit te nus a la Crainte de dieu e jau
vai soin atous quil faut pour finir ses
aprantisa ge quan me me je reste vais veuve

*Abb. 15*

### *3.1.2. Prosodische und phonographische Verschriftungsstrategien*

Der Text ist nicht in größere Sinneinheiten gegliedert, zeigt also keinerlei formal ausgewiesene Satzstruktur. Die Schreiberin hat offensichtlich Schwierigkeiten mit der Erkennung von Satzgrenzen, sie markiert weder die Satzanfänge durch Großschreibung noch verwendet sie Interpunktionszeichen. Während fehlende Interpunktion in Handschriften des 18.

Jahrhunderts kein Einzelfall ist[21], weist der Text eine andere Besonderheit auf, die schon eher als idiosynkratische Praxis angesehen werden kann. Neben regulärer Segmentierung nach Wortgrenzen (*pour, vous, prier*) tauchen im Text Fälle von stark segmentierender Schreibweise verschiedener Wörter auf: *e Crire* (1, écrire), *a Vec* (3, avec), *Re gles* (3, regler), *de Voir* (5, devoir), *je les pere* (6, je l'espère), *jus qui Ci* (6, jusqu'ici) *jeu nesse* (7, jeunesse), *de men des* (8, demander), *ven tes* (9, vanter) und *com pa gnon* (compagnon), *Cou te ras* (coutera), *pre sente men* (présentement), *de funt* (défunt), *Eta blis se ment* (établissement), *o Beisante* (obéissante) auf der zweiten, hier nicht abgebildeten Seite. Man kann erkennen, dass Morain hier nach dem Vorbild der phonischen Silbe verschriftet, auch wenn sie dieses Prinzip nicht durchgehend anwendet.[22] Prinzipiell überträgt sie die phonische Struktur auf die graphische Darstellung.

Das Spatium benutzt die Schreiberin, um einzelne prosodische Einheiten voneinander zu trennen. Kursorisch werden zudem manche Silbeninitiale durch einen größer geschriebenen Buchstaben markiert, wie zum Beispiel bei *e Crire* (1) *Re gles* (3), *de Voir* (5), *a Vec* (3), *jus qui Ci* (6) und *pre Sente men* bzw. *o Beisante* auf der zweiten Seite des Briefes. Es handelt sich bei diesen Initialen jedoch nicht um ‚echte' Majuskeln. Wenn man Morains Groß- und Kleinschreibung genauer betrachtet, wird man feststellen, dass sie nur rudimentär mit deren Formen und Prinzipien vertraut ist. Die Groß- und Kleinschreibung folgt keinen erkennbaren Regeln, selbst Eigennamen werden nicht konsequent großgeschrieben, wie bei *piere* (3, Pierre) und *latre* (Latre) bzw. *potsdam* erkennbar. Dennoch lässt sich in wenigen Fällen lexemgebundene Großschreibung nachweisen *(Monsieur, Bouvet, Mademoisselle, Epouse)* – hier sind es Wörter, deren Großschreibung ihr im Kontext der Briefrhetorik bekannt ist.[23] Meisenburg subsumiert diese Fälle unter ‚pragmatischer Großschreibung'.[24]

21 In der hugenottischen Schriftlichkeit ist dieser Fall nicht selten, und auch Jürgen Erfurt weist darauf in seinem Artikel über Ménétra hin. Vgl. Erfurt 1993:162.

22 So finden sich auch Schreibungen, die nicht präzise silbisch segmentiert sind, z. B. *apranti sa ge, Ma de moisselle.*

23 Nach Meisenburg lässt sich ab 15., verstärkt ab 16. Jahrhundert die Strategie nachweisen, durch Majuskeln nicht nur Text-, Kapitel-, Satzanfänge zu markieren, sondern alles, was [den Druckern!] hervorhebenswert scheint. Vgl. Meisenburg 1990:291.

24 Vgl. Meisenburg 1990:292.

Von den Buchstaben <B> (*Bontes, Bouvet*), <M> (*Monsieur, Mademoisselle*), <E> (*Epouse*), <L> (*Louise*) und <R> (*Re gles*) lässt die Schreiberin erkennen, dass sie sowohl deren Majuskel als auch Minuskel kennt. Nur bei diesen Buchstaben kann man von Majuskeln im herkömmlichen Sinne sprechen. Anders verhält es sich mit <c>, <v> und <s>. Diese realisiert sie als Graphen, die nicht eindeutig als Majuskeln oder Minuskeln identifizierbar sind. Die Graphen variieren lediglich in ihrer Größe, wobei im Einzelfall die Klassifizierung als Majuskel oder Minuskel äußerst problematisch sein dürfte. Bemerkenswerterweise handelt es sich hierbei um Buchstaben, deren graphische Form von Groß- und Kleinbuchstaben sich sehr ähneln bzw. sich in der lateinischen Kursive vor allem durch ihre Größe unterscheiden. Das Vergrößern einzelner Buchstaben bekommt nun vor dem Hintergrund der silbischen Schreibung eine andere Funktion: Mit größeren Buchstaben werden hier nicht grammatische oder pragmatische Informationen transportiert, sondern Silbenanfänge notiert.[25] Die Schreiberin ist ganz offensichtlich unsicher bei der Markierung von Wortgrenzen, während ihr das Prinzip der phonischen Silbe hingegen bekannt ist.

Neben diesem prosodischen Prinzip finden sich mehrere Fälle phonographischer Verschriftung von Wörtern oder Wortverbindungen. Zuerst fallen die Varianten *ge, ges* (4, 6, je, j'ai) zum ebenso gebrauchten, korrekten <j> in *je* und *jaurais* sofort ins Auge. Hier kann man davon ausgehen, dass die Schreiberin phonographisch verschriftet, da sowohl <j> als auch <g> im Französischen positionsabhängig das Phonem [ʒ] abbilden können. Aufschlussreich ist in diesem Zusammenhang allerdings, dass der Schreiberin die Inkonsistenzen bei so hochfrequenten Wörtern wie ‚je' oder ‚j'ai' nicht auffallen. Des Weiteren findet sich eine mit der Umgangssprache interferierende Negation, bei der der erste Teil der im Französischen aus zwei Teilen bestehenden Konstruktion (ne...pas) weggelassen wurde (7). Auch die Syntagmen ‚à tout ce qu'il faut' und ‚c'est tout ce que' wurden phonisch als *atous quil faut* (12) und *cetous que* notiert.

Einige Fälle von Zusammenschreibung eigentlich eigenständiger Wörter, nach Erfurt ‚mots phonétiques'[26], finden sich in der Zusammenschreibung

25 Zu ‚Grenzsignalen' bei der Phrasierung silbischer Einheiten vgl. Pompino-Marschall1995:237.

26 Vgl. Erfurt 1993:162.

von normalerweise durch Apostrophe getrennten Wörtern: *lhoneur* (1), *sil* (5), *men* (7).[27] Im Fall *je les pere* (6) für ‚je l'espère' treffen die beiden Strategien der Verschriftung des ‚mot phonétique' und die idiosynkratische silbische Schreibung aufeinander.

### *3.1.3. Morphosyntaktische Verschriftungsstrategien*

Die an Prosodie und Aussprache orientierte Verschriftung, die sich in silbischer Schreibung, in der Verteilung von Groß- und Klein- bzw. Getrennt- und Zusammenschreibung und der phonographischen Realisierung einzelner Wörter niederschlägt, könnte leicht zur Annahme führen, dass Morain schreibe, wie sie spreche. Eine genauere Analyse wird allerdings zeigen, dass diese Hypothese unzutreffend ist. Neben einer Reihe phonographischer Schreibungen realisiert sie nämlich auch Fälle morphologischer Schreibungen, die darauf hindeuten, dass sie über Kenntnisse einiger Schreibprinzipien verfügt.

Charakteristisch für das französische Schriftsystem ist nach Meisenburg die hohe Frequenz wortfinaler Grapheme ohne lautliche Entsprechung.[28] Diese ‚stummen' Endgrapheme, besonders <-s>, <-t>, <-z>, aber auch <-e> werden nur im Falle der ‚liaison' hörbar. Die Realisierung der wortfinalen Grapheme ohne lautliche Entsprechung dürfte folglich Schreibern, die phonographisch schreiben, Schwierigkeiten bereiten. So lässt sich denn die fehlende Notation des stummen <-t> in *esen* (8, et sans), *e* ( 11, et) und *ecelame* (et cela me) gerade durch die Präferenz der phonographischen Verschriftung erklären. Hingegen verschriftet die Witwe Morain die Paradigmen von ‚être' und ‚faire' jedoch durchgängig korrekt (sogar den Subjonctiv *soit*, 11) und notiert auch den stummen Endkonsonanten in *apres* und *pas* – ein Hinweis darauf, dass sie bestimmte hochfrequente morphologische Muster verinnerlicht hat.[29]

27 Diese von Erfurt als „graphische Agglutination" bezeichnete Zusammenschreibung, vor allem von Nomina in Verbindung mit den Präpositionen ‚à' und ‚de', oder von ‚que'+Pronomen ist in den hugenottischen Quellen sehr häufig. Sie findet sich auch bei den Schreibern Lanis und Humbert des hier zugrunde liegenden Korpus, und Erfurt weist in Bezug auf Ménétras „Journal de ma vie" hin. Vgl. Erfurt 1993:163.

28 Vgl. Meisenburg 1996:195.

29 Dagegen spricht allerdings die fehlende Schemakonstanz bei ‚ge' statt ‚je'.

Dass sie aber bei der Realisierung dieser ‚stummen' wortfinalen Grapheme unsicher ist, äußert sich vor allem in einer Reihe von Hyperkorrekturen. Sie kennt offenkundig das Prinzip der stummen Endkonsonanten, vor allem <-s>, das sie jedoch auch dann anwendet, wenn Wörter regulär auf Vokal enden müssten: *tenus* (11, tenu), *peux* (11, peu), *mois* (10, moi). Diesen letztgenannten Fall bildet sie wahrscheinlich analog zu ‚vous', das sie durchgängig korrekt schreibt. Beim Fall *mieus* (9) für ‚mieux' wendet sie die Schreibung der konsonantischen Endränder an, entscheidet sich aber für das falsche Graphem. In vielen Fällen, in denen die wortfinalen Grapheme der ‚orthographe grammaticale'[30] folgen, zeigt Morain Unsicherheiten. Meisenburg weist darauf hin, dass die „graphischen Flexive, die als Morpheme unabhängig von der Lautung" grammatische Information vermitteln, im Französischen relativ konstant sind. So kennzeichnet <-s> oder <-x> den Nominalplural, und die dritte Person Singular endet in der ersten Konjugationsgruppe im Präsens bis auf wenige Ausnahmen auf <-e>, in den anderen Gruppen auf <-t> bzw. <-d>.[31] Diese konstanten, graphischen Flexive bezeichnet Catach als „morphogrammes".[32] Als Morphogramm für die Verbalflexion verwendet Morain entweder das <-s>, allerdings sowohl für die 1. als auch die 3. Person Singular, oder lässt sie unmarkiert. Der Konjugationsmarker in *ge promet* (4) für ‚je promets' fehlt, dafür tritt das <-s> auf in: *ge peus* (6, je peux), *je peus* (7, je peux), *il ne pourois* (9, il ne pourrait) und *celame Couteras* (cela me coutera). Bei *ligne* (2, lignes) und *aprantisage* (13, apprentissages) fehlt der Pluralmarker. Indessen, und darauf wurde schon hingewiesen, verschriftet sie eine Reihe von Verbalkonjugationen durchgängig korrekt. Dazu gehören alle Paradigmen von ‚être' und ‚faire' und die Verbalflexion des Futurs in der 1. Person Singular: *je resterai* (13) und *je quiterai*. Der Umgang mit den graphischen Flexiven bzw. ihre falsche bzw. nicht durchgeführte Markierung deuten darauf hin, dass sie kaum Kenntnisse darüber besitzt, wie innerhalb des französischen Satzes grammatische Informationen verteilt werden.

---

30 Zur ‚orthographe grammaticale' als graphische Repräsentation der Flexionsmorphologie des Französischen, vgl. Meisenburg 1996:197.

31 Vgl. Meisenburg 1996:197f.

32 Catach 1980:209ff., zit. nach Meisenburg 1996:197.

Im Falle der ‚liaison', wenn das wortfinale Graphem sozusagen ‚hörbar' wird, findet sich dann folgerichtig auch dessen Notation: *ses aprantisage* (12) bzw. *des apranti*. Das Verb *prier* schreibt sie korrekt, obwohl sie alle anderen Fälle des [ɛ:], vor allem die Infinitive der Verben der ersten Konjugation graphisch auf <-es> enden lässt: *Regles* (3, regler), *demendes* (8, demander), *ventes* (9, vanter), *Bontes* (2, bonté), *ches* (10, chez). Durchgängig korrekt realisiert sie auch die mit <o>, <i> und <u> verschrifteten Nasale *(Bontes, bien, pleindre, soin, defunt)*. Auffällig ist ihre Art der Verschriftung der phonologisch identischen Vokalnasale ‚en' und ‚an', die phonetisch [ɛ] realisiert werden: *ventes* (9, vanter), *aprantisage* (12, apprentissage), *demendes* (8, demander), *esen* (8, et sans).[33] Die Quellen zeigen uns, dass die Schreibung, wahrscheinlich gestützt durch die phonologische Identität von <en> und <an>, allgemein am Ende des 18. Jahrhunderts noch variiert, auch wenn das Wörterbuch der *Académie Française* seit 1694 die heutige Schreibung favorisiert.

Inkonsistente Schreibung finden wir auch bei *presentemen*, denn *Etablissement*, *parfaitement* wurden schemakonstant verschriftet. Auch in diesem Falle scheint die Aussprache die Graphie stärker beeinflusst zu haben als das bei *Etablissement* und *parfaitement* bereits angewandte morphologische Muster. Wörter mit doppelter intervokalischer Nasalschreibung, wie *donne, comme* (1, 6, 21), werden fast immer korrekt geschrieben. Der Reduktionsvokal [ə] in *ecrire*, *faire*, *etre* ist kaum zu hören. Gleichwohl schreibt sie diesen, ebenso wie sie den einfach realisierten Nasal als Doppelkonsonant verschriftet. Wir schließen daraus, dass sie beide Phänomene als morphologische Schreibprinzipien gelernt haben muss.[34]

Die hier herausgefilterten prosodischen, phonographischen und morphosyntaktischen Prinzipien lassen erkennen, dass die Schreiberin verschiedene Strategien zugleich anwendet. Sie gliedert die Wörter in der Regel silbisch, die Initiale einzelner Silben kennzeichnet sie mitunter durch die

---

33 Die Debatte darüber, ob <an> und <en> phonetisch unterschiedlich realisiert werden und sich dies dementsprechend orthographisch niederschlagen müsste, wird von Grammatikern, Lexikographen, Sprachmeistern im 17. Jahrhundert geführt. Monet, Lesclache, Lartigaut und Dangeau tendieren dazu, generell die Graphie <an> als Notation für den Vokalnasal anzusetzen. Vgl. Biedermann-Pasques 1992:162f.

34 In einem einzigen Falle macht sie eine Ausnahme: come (3, comme).

Vergrößerung des Buchstabens. Einzelne Wörter schreibt sie nach phonographischem Prinzip. Entgegen ihrer Präferenzen für eine prosodische bzw. phonographische Verschriftung lassen sich jedoch rudimentäre morphologische Schreibprinzipien aufdecken, die zeigen, dass Morain einige wenige Schreibmuster ansatzweise ausbildete. Aber nicht nur Schreibungen und Verschriftungsprinzipien, sondern auch das graphische Inventar lassen leicht erkennen, dass die Schreiberin nur rudimentär die Schreibsprache erwarb. Wir vermuten, dass Louise Morain nicht vollständig alphabetisiert wurde und sich ihr Schrifterwerb vermutlich auf die Phase des Syllabierens beschränkte. Aufgrund der sozialen Zusammensetzung und regionalen Herkunft der Auswanderergeneration nehmen wir an, dass die Schriftlichkeit der Witwe Morain einen typischen Fall von Teilalphabetisierung repräsentiert und somit die schriftsprachlichen Fähigkeiten vieler Hugenotten dieser Generation so oder so ähnlich beschaffen waren.

## 3.2. Französische Einsprachigkeit: Der Färber Pierre Lanis

Bei Pierre Lanis handelt es sich um einen 1705 in Montauban geborenen Handwerker, der als französischer Réfugié nach Berlin kam und ab den 50er Jahren des 18. Jh. als *Ancien* (Gemeindeältester) und als *Ancien Diacre* (Gemeindediakon) dem Konsistorium der Berliner französisch-reformierten Gemeinde angehörte.[35] Als *Deputé de la Compagnie du Consistoire* wird er in den Kreis der Vorsteher des Waisenhauses aufgenommen. Lanis, nach Auskunft Murets einer der „ersten französischen Färber Berlins“[36], verfügte laut Selbstauskunft im Jahre 1765 über keinerlei Deutschkompetenz.

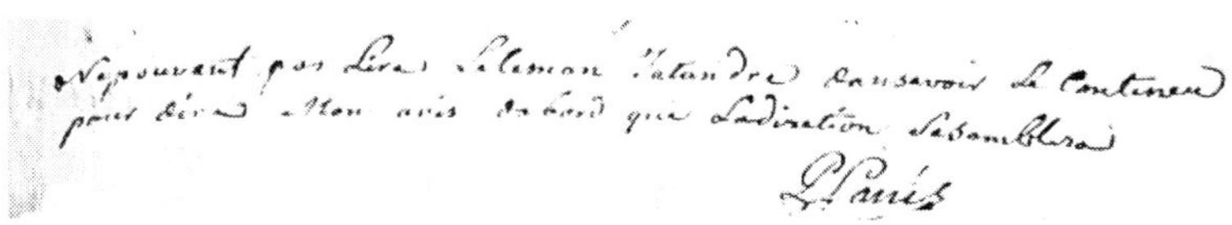

*Abb. 16*

35 Wir danken Robert Violet, dem Archivar der Französischen Kirche Berlin, für die Hilfe bei der Klärung einer Reihe biographischer Details.

36 Vgl. Muret 1885:42.

*Abb. 17*

Seine Handschrift ist relativ geübt und ausgeschrieben, die Buchstabenformen sind konsistent. Interessant erscheinen uns die Buchstabenverbindungen: Innerhalb der Wörter werden nur Buchstaben untereinander verbunden, die von der Schreibrichtung her eine Verbindung zum nächsten Buchstaben erlauben. Buchstaben, deren Form durch eine Bewegung entgegen der Schreibrichtung realisiert wird, bleiben unverbunden. Wahrscheinlich handelt es sich hier um einen Schreiber, der im Umgang mit Schrift relativ geübt ist.

Charakteristisch für seine Art der Verschriftung ist die kombinierte Zusammen- und Großschreibung. Dieses Prinzip wendet er auf bestimmte Wortarten an:

- Nomina + Artikel (*Laleman, Ladirection, Lapersualion*).[37]
- Pronomina + Verb (*Jatandre, Jeregarde*) bzw. Reflexivpronomen + Verb (*Sasemblera*)
- Negationspartikel + Verb bzw. Partizip (*Nepouvant, Nedoit*)

Unabhängig vom Satzanfang neigt Lanis bei Personal- und Possessivpronomina zur Großschreibung (*Je, Mon*). Beiden, Morain und Lanis, ist gemeinsam, dass sie die Zusammenschreibung bei Wörtern anwenden, die eigentlich durch Apostroph voneinander getrennt werden müssten.[38] Bei Lanis scheint uns aber das Prinzip der enklitischen Schreibungen auf eine grammatikalische Analyse hinzudeuten. Er erkennt Pronomina + Verben bzw. Artikel + Nomina als grammatisch und semantisch zusammengehörig. Er realisiert die Enklise somit bei diskontinuierlichen Morphemen, d.h. bei jenen Basismorphemen, von denen beide grammatische Informationen tragen. Die Zusammenschreibung, wie sie Lanis vornimmt, hat damit

37 Dies gilt bis auf eine Ausnahme: *Le Conteneu;* an dieser Stelle dürfte jedoch die Getrenntschreibung vom Eintauchen der Feder herrühren: Die Feder wurde nach Le ab- und mit dem Bogen des <C> neu angesetzt.

38 In der Entwicklung der französischen Graphie wird die Einführung der Apostrophe als Resultat zunehmender morphosemantischer bzw. morphosyntaktischer Analyse gewertet. Vgl. Meisenburg 1996:134.

eine andere Qualität als bei Morain. Während sich Morain vor allem am Lautbezug orientiert (*davoir, sil, ala, atous*), vermuten wir, dass die Zusammenschreibung bei Lanis Resultat einer grammatikalischen Analyse ist.

Die Enklise deutet zwar auf vorhandenes grammatisches Wissen, Inkonsistenzen und Fehler zeigen aber, dass die Sprachkompetenz des Schreibers nicht allzu hoch angesetzt werden kann. Zunächst fällt auf, dass er keinerlei Interpunktion verwendet, was die Lesbarkeit der Sätze ziemlich beeinträchtigt. Die Wortverbindung *dansavoir le Conteneu* (d'en savoir le contenu) und *Laleman* (l'allemand) sind nach phonographischem Prinzip verschriftet, wobei sich im ersten Falle eine Homonymie mit der Präposition ‚dans' ergibt, die die Verständlichkeit der Aussage zusätzlich erschwert. Der propositionale Gehalt des zweiten Satzes erschließt sich nicht auf den ersten Blick, was daran liegen könnte, dass die Satzkonstruktion während des Schreibens geändert wurde. Das Wort *Lapersualion* existiert nicht. Es ist anzunehmen, dass Lanis hier ‚persuation' (persuasion) schreiben wollte, allerdings vergessen hat, das <t> mit einem Querstrich zu versehen. Auch bei *Jatandre* handelt es sich nicht um Enklise aus Personalpronomen und Infinitivform, wie es die erste Lesart nahelegt, sondern vermutlich war die erste Person Futur (j'attendrai) intendiert. Bei der Verbindung *dabord que* irrt er sich in der Wortklasse, denn gemeint ist ‚avant que'.

Aus den wenigen Beispielsätzen wird ersichtlich, dass die Schreibkompetenz von Lanis, entgegen dem ersten Eindruck, den die Handschrift vermittelt, defizitär gewesen sein dürfte. Lanis ist der Prototyp der Ausgangssituation des französisch-deutschen Sprachwechselprozesses: Noch in Frankreich geboren und somit frankophon, kommt er als Migrant der handwerklichen Mittelschicht nach Berlin. Er bleibt einsprachig französisch und ist in der zweiten Hälfte des 18. Jahrhunderts noch ohne passive Deutschkenntnisse und auch nicht ohne Schwächen in der muttersprachlichen Schriftsprachkompetenz.

Interessant ist nun, welche unterschiedlichen Sprach- und damit Schriftwechselszenarien für die nachfolgenden Generationen in Frage kommen, die die französische Schriftlichkeit nicht mehr, wie Lanis, im Herkunftsland, sondern bereits in der Emigration erwarben. Zunächst kann man annehmen, dass die erste der nachfolgenden Generationen mehrsprachig war, wobei sich die Mehrsprachigkeit in der zweiten Generation zunehmend asymmetrisch gestalten dürfte.[39] Die beiden folgenden Fallbeispiele behandeln Schriftlichkeit von Hugenottennachkommen aus diesen nachfolgenden Generationen, die, in Berlin geboren, französisch und deutsch alphabetisiert wurden.

## 3.3. Perfekte französisch-deutsche Mehrsprachigkeit: Der Geheime Rat Philippe Humbert

Die Familie Humbert gehörte neben den Ermans, Ancillons, Jordans u. a. zu den führenden Hugenottenfamilien Berlins. Insgesamt waren es wohl um die 30 Familien, die im 18. Jahrhundert eine Art ‚Kolonieoligarchie' bildeten.[40] In sprachlicher Hinsicht ist bemerkenswert, dass diese Gruppe aus identitäts- und sozialdistinktiven Gründen an Französisch auch als Umgangssprache bis in das 19. Jahrhundert hinein festhielt.

Philippe Humbert war Geheimer Rat (*Conseil privé*) bei der Höheren Französischen Gerichtsbarkeit und Richter der Kolonie. Sein Urgroßvater, Staatsanwalt beim Parlament der Stadt Metz, kam vor 1699 mit seiner Familie nach Berlin. Großvater Charles war Notar.[41] Philippe Humbert war also hugenottischer Nachkomme in dritter Generation. Von 1779 bis 1823 ist er in der Direktion des Waisenhauses tätig, zeitweilig als deren Sekretär.[42] Zur Analyse werden zwei Texte, einer in französisch, einer in deutsch, herangezogen, die klar erkennen lassen, dass Humbert in beiden Sprachen grammatisch, stilistisch und graphisch nahezu perfekt schreibt.

39 Ein mögliches Szenario könnte folgendermaßen aussehen: Die Französischkompetenz ab der zweiten bzw. dritten Generation schwindet langsam, und sukzessive wird Deutsch zur Erstsprache. Das Französische entwickelt sich dagegen dann von der Erstsprache zunehmend zur Zweitsprache oder gar Fremdsprache. Entscheidend für das Sprachwechselszenario sind immer die Domänen, in der der Wechsel stattfindet, und die Sprecherbiographie. Es dürfte mithin schwierig sein, allgemeingültige Aussagen zu treffen. Zu Sprachwechselszenarien der Berliner Réfugiés und ihrer Zeitlichkeit vgl. Wilke 1988a:59, Wilke 1988b:394 ff., Hartweg 1985:173, Hartweg 1990:31, Bergerfurth 1993:84. Zum Sprachwechsel am Berliner Waisenhaus vgl. M. Böhm (in Vorb.).

40 Vgl. Fuhrich-Grubert 1997:120 und Wilke 1988c:64.

41 Vgl. Béringuier 1887:26 und 168.

42 Vgl. Muret 1885:156.

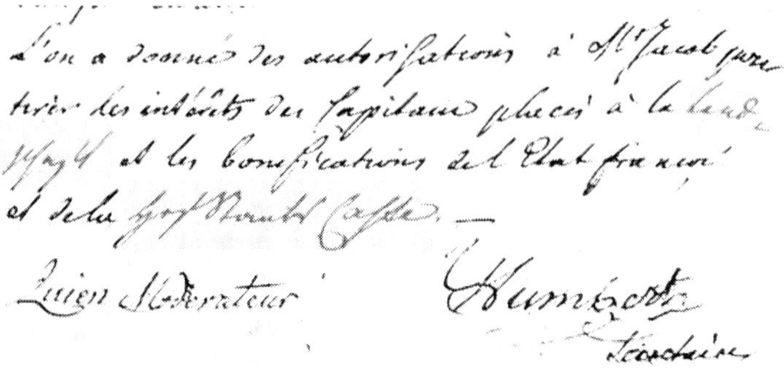

*Abb. 18*

Der französische Text zeigt einige wenige Schreibweisen, die wir zum Teil auch bei Morain oder Lanis beobachten konnten. Zum Beispiel die Enklise, hier in der Kombination Präposition + Nomen: *enor, pourle*. Der Lautbezug dürfte bei der Zusammenschreibung von *del Etat* keine Rolle gespielt haben – denn hier wird gerade eben nicht der ‚mot phonologique' verschriftet. Der Text enthält auch einen Konstruktionsfehler. So beginnt Humbert den Satz mit: *L'on a donné l'autorisation* (statt ‚On a donné...'). Die auch bei Humbert kursorisch auftretende Großschreibung von *Justice, Maison, Banque, Etat, Somme, Mineur, Capital/Capitaux,* betrifft fast nur Nomina, mit einer Ausnahme (*Sçavoir*). Mit der Großschreibung der ersten vier Wörter folgt er durchaus der Regel der bedeutungsdifferenzierenden Großschreibung.[43] Bei den anderen Fällen handelt es sich um Wörter, die für den Inhalt des Briefes – es geht um die Verwaltung des Erbes eines Zöglings des Waisenhauses – besonders relevant sind.

Graphisch wechselt er korrekt zwischen lateinischer Kursive des französischen Textes und der deutschen Kurrentschrift in den Wörtern <Landschaft> und <Hofstaats *Casse*>, wobei er bei letzterem sogar korrekt innerhalb des Kompositums wechselt und *Casse* in lateinischer Kursive schreibt. Die Verwendung von Interpunktion und einem reichhaltigen Inventar diakritischer Zeichen (Apostroph, Accents, Cedille, Circonflexe), derer sich Morain und Lanis nicht bedienen, lassen zusätzlich darauf schließen, dass Humbert über eine hohe französische und deutsche Sprachkompetenz verfügt.

43 Vgl. Meisenburg 1990:298.

Der deutsche Text ist ebenso wie der französische grammatisch und stilistisch perfekt. Mit lateinischer Kursive zeichnet er den Namen des Adressaten *Müller*, das frz. *Profession*, das lat. *Directorium* und die Amtsbezeichnung *Burgermeisters* in der letzten Zeile aus. Im Gegensatz zur ersten Zeile, wo *Bürgermeister* zusammen mit dem Namen erscheint, steht es hier gleichsam metonymisch für die Person, deshalb realisierte Humbert es wohl als ‚Namensäquivalent' wie zuvor *Müller* in lateinischer Kursive. Der Umgang mit deutschem graphischen Inventar scheint für Humbert habituell zu sein, worauf auch die selbstverständliche Anwendung des <ß> in *daß* hindeutet.

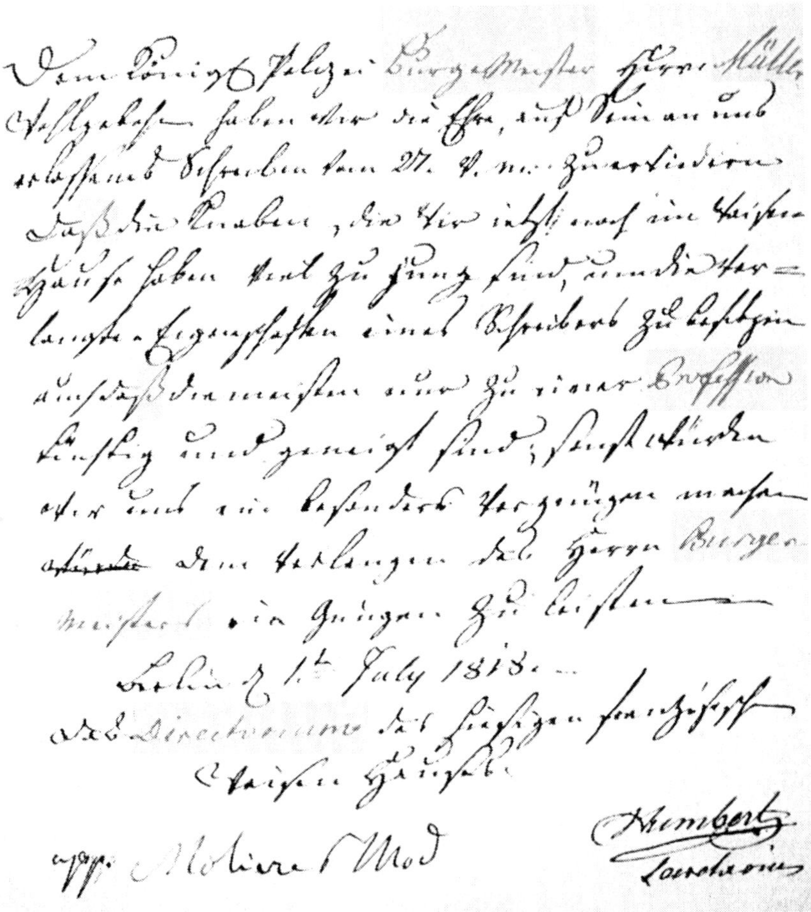

*Abb. 19*

Die allographische Varianz des Doppelkonsonanten <ss> bei der Silbengelenkschreibung <-ss-> in französischen Lexemen erscheint uns wenig transparent.[44] *Casse* realisiert Humbert im französischen Text als <Caſse> und *Profession* als <Profeſſion> im deutschen Text. Zunächst kann man feststellen, dass die Verteilungsregeln für <s> in beiden Sprachen positionsbedingt sind.[45] Im Deutschen markiert <s> die Morphemgrenze, steht also final, <ſ> wird dagegen morpheminitial bzw. -medial benutzt. Im Französischen verhält es sich ähnlich, denn es gilt ausnahmslos die Regel: Wortfinal zeigt immer <s>, d. h. es darf niemals <ſ> stehen. Aber auch wortinitial ist <s> durchaus möglich. Bei der Schreibung von <-ss-> als Silbengelenk zeigen die französischen hugenottischen Quellen freie Varianz: <-ss->, <-ſs->, <-ſſ-> und <sſ>. Wir haben versucht, Schreibkonventionen aus der Verteilung der Varianten zu ermitteln und vermuten, dass alle diese Varianten mit einer Restriktion möglich sind: dass <-sſ-> und <ſſ> nur im Silbenendrand stehen darf, wenn danach noch eine oder mehrere Silben folgen. Anders ausgedrückt: <-sſ-> oder <ſſ> dürfen nicht im Silbenendrand der letzten Silbe stehen. Diese ermittelte Verteilung wäre somit eine modifizierte Regel für <ſ>: In wortfinaler Position darf <ſ> niemals, in silbeninitialer Position aber durchaus stehen.

Bei Humbert handelt es sich um einen perfekt zweisprachigen Schreiber, zumindest im Hinblick auf die Schriftsprachkompetenz. Es scheint, als ob seine Französischkompetenz vom zunehmenden Einfluss der deutschen Sprache in der Kolonie zum Ende des 18. Jahrhunderts nicht berührt worden ist. Dieser Befund ist primär auf seine Zugehörigkeit zu führenden Vertretern der Kolonieverwaltung zurückzuführen. Zum einen begünstigte dieser Kontext eine formelle, gesteuerte und exzellente frz. Sprachausbildung (vermutlich als Privatunterricht und am Berliner *Collège François*), zum anderen erforderte seine professionelle Funktion den täglichen Umgang mit Französisch als Sprech- und Schreibsprache.

---

44 Zur Markierung des Silbengelenks als Doppelkonsonanz im Französischen vgl. Meisenburg 1996:94ff.

45 Baddley bescheinigt den Allographen eine rein graphotaktische Funktion: „variante typographique purement positionelle“. Baddley 1993:15.

## 3.4. Asymmetrische dt.-frz. Mehrsprachigkeit: Die Gräfin Julie de Seymour

Im September 1808 wandte sich Julie de Seymour aus Posen das erste Mal mit einem in französischer Sprache abgefassten Brief an das Berliner französische Waisenhaus mit der Bitte, ihr ein Mädchen als Hausmädchen zur Verfügung zu stellen. Ihren Brief kommentiert einer der Direktoren des Waisenhauses folgendermaßen:

> *„Je remarque que puisque cette Dame sejourne à Posen, elle me paroitroit être une des Emigrés françois, si Son écriture et le Stile de la Lettre, ne parroissoient être d'une personne allemande."*[46]

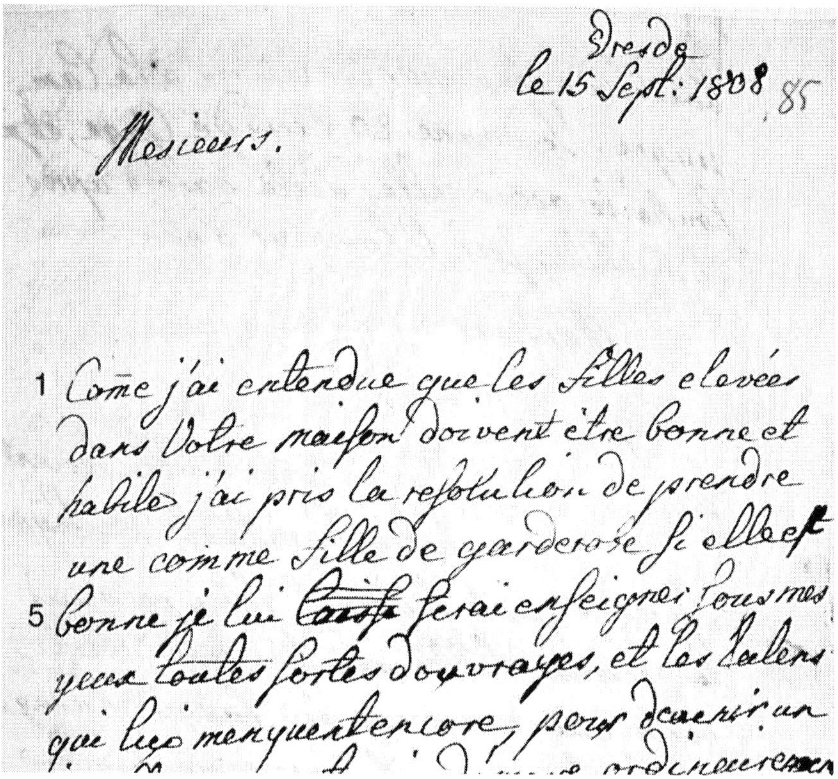

Dresde
le 15 Sept: 1808
85

Messieurs.

Come j'ai entendue que les filles elevées dans Votre maison doivent être bonne et habile j'ai pris la resolution de prendre une comme fille de garderobe si elle est bonne je lui ~~[illegible]~~ ferai enseignei tous mes yeux toutes sortes d'ouvrages, et les talens qui luy manquent encore, pour devenir un ... ordinairement

*Abb. 20*

46 AFrD. 901. Rep 04-610 Vol. 31, Bl. 85v.

Jacob identifiziert Julie de Seymour anhand der Kategorien ‚Schrift' und ‚Stil' als Deutsche und hat damit anhand der graphischen Realisierung auf die Kompetenzen der Schreiberin geschlossen – also genau das intuitiv erkannt, was wir in diesem Aufsatz mit linguistischen Methoden zu rekonstruieren versuchen.

Zunächst dürften ihm auf der Ebene der ‚écriture' die Schreibfehler, die sich auf orthographische bzw. grammatische Regelverstöße zurückführen lassen, nicht unverborgen geblieben sein: Der fehlende Doppelkonsonant bei *Mesieur* (statt ‚Messieurs'), die beim *Passé composé* mit ‚avoir' an das Partizip fälschlich angefügte weibliche Endung -e (1, *j'ai entendue* statt ‚j'ai entendu'), die nicht durchgehaltene Pluralkonkordanz von Subjekt und Adjektiv (2, *les filles* [....] *bonne et habile* statt ‚bonnes et habiles') und der nicht vorhandene Teilungspartikel in *de prendre une* (3, statt ‚d'en prendre une'). In *c'est pour quoi que* ist das ‚que' überflüssig, stattdessen hätte sie es bei *dabord après St. Michele* verwenden müssen (korrekt: ‚qu'après St. Michel'). Einen Konstruktionsfehler korrigiert sie selbst: Im Teilsatz *je lui ~~laisse~~ ferai enseigner* (5) berichtigt sie durch Durchstreichen die ursprünglich – analog dem deutschen ‚unterrichten lassen'– intendierte Konstruktion. Bei *si elle est bonne* und *je démeure ordinairement a Posen* scheint jeweils die deutsche Konstruktion durch: ‚wenn sie gut ist' und ‚normalerweise wohne ich in Posen'. Ein anderer Fall, *pour devenir un jour Gouvernente*, wurde nach dem Vorbild der deutschen Wortstellung (‚um eines Tages Gouvernante zu werden') gebildet. Als ‚unfranzösischer' Stil könnte Jacob zunächst ein Gallizismus aufgefallen sein. Die Gräfin bittet um eine *fille de garderobe*, unter der sich ein Franzose allerdings kein Hausmädchen, sondern bestenfalls eine Anziehhilfe vorgestellt haben dürfte. Zudem finden sich einige unangemessene Formulierungen in ihrem Brief, wie zum Beispiel der Ausdruck *je lui ferai enseigner [...] les talens qui lui menquent* oder *faire une Envelope sur ma lettre*. In morphologischer, syntaktischer und stilistischer Hinsicht treten demnach einige Interferenzen, Fehler und Unsicherheiten auf, die begründen, warum Louis Jacob auf eine deutsche sprachliche Sozialisierung schließen konnte.

Da Julie zwölf Jahre später erneut, dieses Mal jedoch in Deutsch, an das Waisenhaus schrieb, können wir uns auch ein Bild von ihrer deutschsprachige Kompetenz machen. Der Beginn des ersten Satzes lautet folgendermaßen: *Ew. Wohlgebohren bitte ich recht sehr die Güte zu haben 2 Mädgens auszu suchen welche diese Michaheli aus Ihren Weisenhause komen [...].*

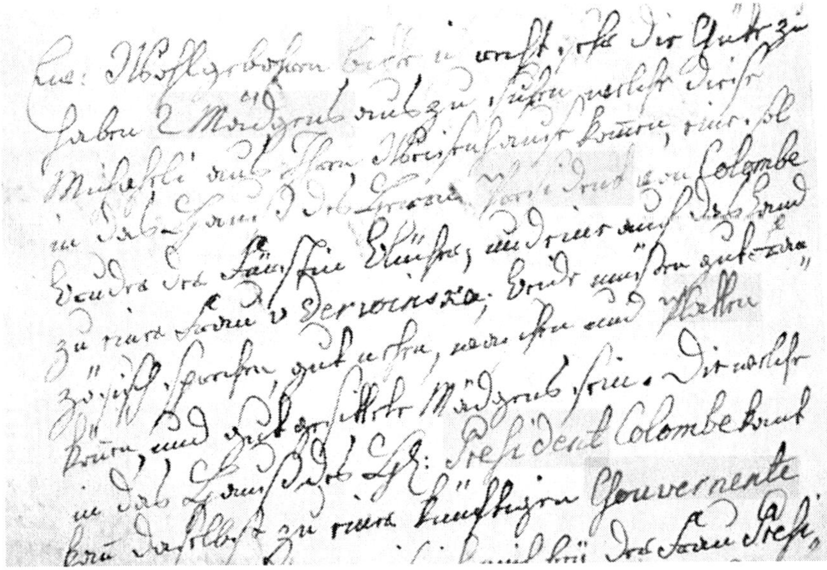

*Abb. 21*

Bereits in dieser kurzen Sequenz finden sich mehrere Belege für Interferenzen, allerdings nicht für den deutsch-französischen Sprachkontakt, sondern für den Kontakt der hochdeutschen Standardsprache mit dem Niederdeutschen bzw. der berlinischen Stadtsprache. In folgenden Fällen interferieren Sprechsprache und Schriftsprache:

a) lexikalisch: *Mädgen/Mädgens* für ‚Mädchen', *platten/plattet* für ‚plätten'
b) morphologisch: Dativ/Akkusativ-Verwechslungen (*aus Ihren Weisenhause, auf das Land, den Mädgen alles lernen, in den andren Weisen Hause)*, niederdeutscher Einheitsplural auf -s (*Mädgens*)

Die Schreibung von *Freindin* scheint uns ein Reflex auf eine entrundete Aussprache von ‚Freundin' und damit eine phonographisch verursachte Fehlschreibung zu sein. Das Adjektiv *paßlig* ist eine idiosynkratische Ableitung mit hyperkorrigiertem Ableitungssuffix -lich zu -lig(en).

Graphisch zeichnet die Schreiberin die Eigennamen *Posen*, *Colombe, Julie Gräfin Seymour* und die Fremdwörter *Juli*, *Director*, *President, Derwinska, Presidentin*, *Gouvernente*, *Italienisch* (aber: <Englisch>), *courant* und *objecte* mit lateinischer Kursive aus. Beim Graphie-Wechsel unterlaufen ihr jedoch Fehler in beiden Briefen: So bleibt beim ersten Auftreten das Wort <President> unausgezeichnet, und das <b> in <*b*itte> in der ersten Zeile wurde als lateinischer Buchstabe realisiert. Im französischen Brief schreibt sie ein deutsches <F> in <F*illes*>. Im Gegensatz zu Humbert schreibt sie keine gemischte lateinische und deutsche Graphie, wie es sich z. B. bei *Italienisch* anbieten würde. Das Auszeichnungsprinzip von Eigennamen hält sie nicht konsequent durch: Der deutsche Name *Posen* erscheint in beiden Texten in Lateinisch, der deutsche Name *Blücher* dagegen nicht. Der Vergleich des französischen mit dem deutschen Brief zeigt, dass Julie nicht, wie Humbert, über zwei komplett verschiedene graphische Inventare der beiden Schreibschriften verfügt, sondern dass einige Buchstabenformen, z. B. <J>, <l>, <g> in der deutschen und in der lateinischen Schreibschrift identisch sind. <J> und <I> erscheinen im deutschen Text zudem als Allographen. Die graphische Repräsentation der Texte lässt zwar auf sprachliches Wissen, im Vergleich mit Humbert jedoch auf einen weniger sicheren Umgang mit dem graphischen Inventar beider Sprachen schließen.

Der Grad der Symmetrie der Zweisprachigkeit Humberts erschwert eine Aussage darüber, welche der beiden Sprachen als Erst- oder Muttersprache anzusetzen ist. Bei Julie scheint der Fall dagegen relativ klar: Ihre Muttersprache war Deutsch und ihre deutsche Schriftlichkeit überdies dialektal gefärbt. Die Aussage, ob es sich dabei um Berlinisch oder Plattdeutsch handelt, scheint uns schwierig, da solche Phänomene wie Einheitsplural oder Kasusverwechslungen sowohl Merkmale des Niederdeutschen als auch des Berlinischen sind. Wir wissen jedoch, dass Julie de Seymour in Berlin von M. de Chavilly erzogen und unterrichtet wurde und von Prediger Erman die Kommunion erhielt.[47] Diese Umstände lassen durchaus den Schluss zu, dass es sich hier um das Berlinische handelt, dessen Reflexe wir im deutschen Text finden. Sie gehört damit zu jenen Nachkommen der Réfugiés, die Französisch zwar noch erwarben, jedoch als Fremdsprache

47 AFrD. 901. Rep 04-610 Vol. 31, Bl. 87r.

und nicht als Zweit- oder gar Erstsprache. Die (Ortho)Graphie des französischen Briefes, seine Syntax bzw. die in ihm enthaltenen Fehler, die in erster Linie auf unterschiedliche Strukturen der beiden Sprachen zurückzuführen sind, wurden von Jacob, selbst Hugenottennachfahre, sofort als ‚typisch deutsch' identifiziert.

## 4. Zusammenfassung

Die beiden Fallstudien zeigen, wie die Analyse der Graphien als diagnostisches Instrument zur Rekonstruktion von schriftsprachlicher Kompetenz, sprachlichem Wissen und Mehrsprachigkeit angewendet werden kann. Aspekte der schriftsprachlichen Kompetenz sind Formen ihres Erwerbs, der Grad ihrer Ausbildung, die Beherrschung von Verschriftungsprinzipien und von kalligraphischen Techniken. Das sprachliche Wissen der untersuchten Schreiberinnen und Schreiber zeigt sich in der Beherrschung morpholexikalischer und syntaktischer Strukturen der jeweiligen Sprache sowie orthographischer Regeln und Konventionen. Mehrsprachigkeit tritt in den untersuchten Fällen in ganz unterschiedlicher Weise auf – vom Schriftwechsel innerhalb der Muttersprache als Bigraphie bis hin zur Mehrsprachigkeit innerhalb von Sprachwechselprozessen mit mehr oder weniger symmetrisch ausgebildeter Literazität.

## Literatur


Baddeley, Susan (1993): L'orthographe française au temps de la Reforme. Genf: Droz.

Bergerfurth, Wolfgang (1993): „Sprachbewußtsein und Sprachwechsel in der französisch-reformierten Gemeinde Berlins am Ende des 18. Jahrhunderts", in: Das Französische in den deutschsprachigen Ländern. Romanistisches Kolloquium VII. Eds. Wolfgang Dahmen et al. Tübingen: Niemeyer (= Tübinger Beiträge zur Linguistik, 371), 83-119.

Béringuier, Richard (1887): Die Stammbäume der Mitglieder der Französischen Colonie in Berlin. Berlin: Verlag des Vereins für die Geschichte Berlins.

Biedermann-Pasques, Lieselotte (1992): Les grands courants orthographiques au XVIIe siècle et la formation de l'orthographe moderne. Impacts matériels, interférences phoniques, théories et pratiques (1606-1736). Tübingen: Niemeyer (=Beihefte zur Zeitschrift für Romanische Philologie 245).

Böhm, Manuela (in Vorbereitung): „Akkulturation und Mehrsprachigkeit am Waisenhaus der Französischen Kolonie in Berlin um 1800", in: Sprache und Sprachen in Berlin um 1800. Eds. Ute Tintemann, Jürgen Trabant.

Brod, Walter M. (1968): Fränkische Schreibmeister und Schriftkünstler. Würzburg (=Mainfränkische Hefte 51).

Catach, Nina (1980): L'orthographe française. Traité théorique et pratique. Paris: Nathan.

Coulmas, Florian (1996): Orthographie und Graphemik, in: Kontaktlinguistik. Ein internationales Handbuch zeitgenössischer Forschung. Eds. Hans Göbl et al.. Band 1.1. Berlin-New York: De Gruyter, 104-109.

Dale, Ian R.H. (1980): „Diagraphia", in: International Journal of the Sociology of Language 26, 5-13.

Erfurt, Jürgen (1993): „Sprachwerke(eln) und Sprachwandel(n). Über J. L. Ménétras ‚Journal de ma vie' und die Skalierung schriftinduzierten Sprachwandels im Französischen", in: OBST [Osnabrücker Beiträge zur Sprachtheorie] 47, 1993, 147-183.

Gedike, Friedrich (1779): „Über Purismus und Sprachbereicherung", in: Deutsches Museum, 11. Stück, November 1779, 385-416.

Hartweg, Frédéric (1985): „Die Hugenotten und Deutschland. Eine Minderheit zwischen zwei Kulturen", in: Die Hugenotten 1685-1985. Eds. Rudolf von Thadden, Michelle Magdelaine. München: C.H. Beck, 172-185.

Hartweg, Frédéric (1990): „Die Hugenotten in Berlin", in: Die Hugenotten und das Refuge. Deutschland und Europa. Beiträge zu einer Tagung. Eds. Frédéric Hartweg, Stefi Jersch-Wenzel. Berlin: Colloquium Verlag (= Einzelveröffentlichungen der Historischen Kommission zu Berlin, Bd. 74), 1-56.

Jensen, Hans (1969): Die Schrift in Vergangenheit und Gegenwart. Berlin: Deutscher Verlag der Wissenschaften.

Maas, Utz (1992): Grundzüge der deutschen Orthographie. Tübingen: Niemeyer.

Meisenburg, Trudel (1990): „Die großen Buchstaben und was sie bewirken können: Zur Geschichte der Majuskel im Französischen und im Deutschen", in: Erscheinungsformen kultureller Prozesse. Jahrbuch 1988 des Sonderforschungsbereiches ‚Übergänge und Spannungsfelder zwischen Mündlichkeit und Schriftlichkeit'. Ed. Wolfgang Raible. Tübingen: Narr (Script-Oralia 13), 281-315.

Meisenburg, Trudel (1994): Romanische Schriftsysteme im Vergleich. Eine diachrone Studie. Tübingen: Narr (Script-Oralia 82).

Sturm, Heribert (1961): Unsere Schrift. Einführung in die Entwicklung ihrer Stilformen. Neustadt a.d. Aisch: Degener.

Wilke, Jürgen (1988a): „Hugenotten in Berlin - Aspekte der sprachlichen Assimilation der ‚Berliner Franzosen' im 18. Jahrhundert", in: Berlin in Geschichte und Gegenwart. Stadtsprache und Sprachgeschichte. Ed. Hartmut Schmidt. Berlin: Akademie-Verlag (=Linguistische Studien, Reihe A, Arbeitsberichte 174), 56-64.

Wilke, Jürgen (1988b): „Einflüsse französischer Sprache und Alltagskultur auf das Berlinische", in: Hugenotten in Berlin. Ed. Gottfried Bregulla. Berlin: Union-Verlag, 392-419.

Wilke, Jürgen (1988c): „Zur Geschichte der französischen Kolonie", in: Hugenotten in Berlin. Ed. Gottfried Bregulla. Berlin: Union-Verlag, 54-87.

Hannes Kniffka

# Zur Wertigkeit und zum Erklärungspotential orthographischer Varianten[1]

## Abstract

Gegenstand dieses Artikels ist die forensisch-linguistische Texturheberschafts-Analyse. Zunächst werden drei Arten von explanativen Potentialen sprachlicher Daten sowie drei Ebenen der Adäquatheit der forensisch-linguistischen Analyse diskutiert. Auf diese allgemein theoretisch-methodologischen Fragen der forensischen Linguistik folgt eine Diskussion der Bedeutung orthographischer Merkmale, zu deren Gewinnung und Definition Beispiele aus der deutschen Orthographie gegeben werden.

## 0. Einführung

Die forensisch-linguistische Autorschaftsbestimmung, für die G. Nickel 1992 den Ausdruck „Kriminalistische Linguistik" vorschlägt, ist gegenwärtig immer noch durch ein Defizit an theoretischer Reflexion gekennzeichnet, vor allem, was den Status von „Merkmalen" individuellen, d. h. sprecher- bzw. schreiberspezifischen sprachlichen Verhaltens angeht. Auf einige methodische bzw. methodologische Fragen ist an anderer Stelle eingegangen.[2] Aus Zeitgründen muß hier auch auf eine genauere Diskussion von Ansätzen verzichtet werden, die in der Allgemeinen Sprachwissenschaft (Linguistik) ohne Rücksicht auf ihre Anwend- oder Verwertbarkeit im forensischen Kontext seit langem existieren. Erwähnt sei nur die soziolinguistische Unterscheidung von *markers, indicators* und *stereotypes* für Sprecherrealisierung bzw. Aussprachenorm von be-

1 Dies ist eine verkürzte Fassung eines Aufsatzes in: Hecker, M./Leder, M.P. (Hg. 1993), S. 1-29. Die dort zugrunde gelegte (1993 gültige) Rechtschreibnorm ist unverändert beibehalten.

2 Vgl. Kniffka 1981, 1990, 1992, 1992b.

stimmten Wörtern im amerikanischen Englisch, die William Labov 1970 (und später) beschrieben hat. Alle diese Ansätze enthalten wesentliche Elemente für die Definition forensisch-linguistisch relevanter Merkmale sprecherspezifischen Verhaltens.

Im folgenden möchte ich mich primär theoretisch-konzeptionellen Problemen der Methodologie und der Merkmalsdefinition innerhalb der forensischen Linguistik zuwenden. Vor allem deshalb, weil hier, wie gesagt, das Defizit am größten ist.

## 1. Theoretischer Rahmen und Fragen der Methode der forensisch-linguistischen Texturheberschafts-Analyse

Aus der Vielzahl der Probleme der theoretischen Konzeption der forensischen Linguistik für die Autorschaftsbestimmung möchte ich, was die Bedeutsamkeit einzelner sprachlicher Mittel bzw. Textprodukte für die Bewertung eines forensisch-linguistischen Befundes angeht, zunächst *drei Arten von „explanativen Funktionen"* unterscheiden, die gefrorenen Textprodukten bzw. sprachlichen Mitteln, also Einzelwörtern, Wendungen, Phrasen, Sätzen, Texten usw., zugeordnet werden können (Kap. 1.1). Danach möchte ich (Kap. 1.2) die Relevanz der seit langem üblichen Distinktion von Beobachtungs-, Beschreibungs- und Erklärungsadäquatheit einer grammatischen Analyse für die forensisch-linguistische Arbeit aufzeigen.

### 1.1. Drei Klassen von „explanativen Potentialen"

Man kann eine dreifache Unterscheidung von (1) *Deskriptionspotential*, (2) *Erklärungspotential*, (3) *adjuvatorisch-applikativem Potential* oder *Argumentationspotential* sprachlicher Daten in einer forensisch-linguistischen Analyse einführen. Im folgenden möchte ich kurz den theoretischen Status dieser drei Klassen von „explanativen Potentialen" diskutieren.

### *1.1.1. Deskriptionspotential*

Der Terminus *Deskriptionspotential* bezieht sich auf die Kollokation, Konkordanz, Erstellung eines Thesaurus usw. für ein bestimmtes sprachliches oder textuelles Element, ein Textfragment u.a. Dies ist auf allen Ebenen der linguistischen bzw. grammatischen Beschreibung möglich, für die Phonologie, die Morphologie, die Syntax, die Semantik und Pragmatik. Es betrifft schriftlichen wie mündlichen Sprachgebrauch; es betrifft eine auffällige Aussprache eines in der Standardlautung des Hochdeutschen „anders klingenden" Wortes, eine ungewöhnliche, dem Standard der deutschen Orthographie nicht entsprechende Schreibweise eines Wortes, die ungewöhnliche Verwendung (der Bedeutung) eines Wortes in einer Situation X oder für eine Sache X (referentielle Bedeutung), eine ungewöhnliche (kontextindizierte) konnotative Bedeutung eines Wortes (z.B. die Verwendung des Wortes *Bulle* für *Polizist* in einem nicht pejorativen Sinn), das nicht-idiomatische Zitieren einer Redewendung oder eines Sprichwortes u.a.

Die Analyse des *Deskriptionspotentials* sprachlicher Elemente ist der erste Analyseschritt einer forensisch-linguistischen Untersuchung, wenn man davon absieht, daß die Analyse des „Beobachtungspotentials", worunter man die adäquate Analyse und Dokumentation der Primär-Daten selbst, z.B. eines Tatschreibens und der Vergleichsschriften, verstehen könnte, vorausgeht. Es mag durchaus für bestimmte theoretische Überlegungen sinnvoll sein, entsprechend der in der Linguistik üblichen Distinktion (vgl. 1.2) ein „Beobachtungspotential" eigens anzusetzen. In dem hier vorzutragenden Zusammenhang erübrigt sich die Distinktion, da es selbstverständlich ist, daß man mit der größtmöglichen Akribie und unter Beachtung aller üblichen wissenschaftstheoretischen und methodologischen Grundsätze die Daten, etwa eines Tatschreibens, erfaßt. Darauf kann ich hier nicht weiter eingehen.

Die Ermittlung des Deskriptionspotentials meint also ausschließlich die möglichst exakte und exhaustive Beschreibung (eines kleinen Fragments) des Sprachgebrauchs. Sie hat als solche *keine* Relevanz als *Erklärungspotential.* Es gibt in der forensischen Linguistik grundsätzlich keine „sprechenden Belege" wie vielleicht in der Philologie. Das Erklärungspotential eines Wortes, eines Textes usw. ist jeweils durch einen zweiten

Analyseschritt auf der Basis des (verfügbaren) Deskriptionspotentials zu leisten. Die wesentliche analytische Funktion der Gewinnung des Deskriptionspotentials besteht darin, gleichsam über den Tellerrand der isolierten Daten des konkreten Einzelfalls bzw. Gutachtenauftrags und des eigenen (idiolektbezogenen) Wissens des analysierenden Forschers hinaus ein Repertoire von und einen Zugang zu relevanten Daten wissenschaftlich systematisch verfügbar zu machen und dadurch eine Beurteilungsbasis zu schaffen. Das Deskriptionspotential ist somit notwendige, nicht hinreichende Bedingung für das Erklärungspotential. Es gibt natürlich „Übergänge" zwischen beiden, nicht allerdings eine Umkehrung der hierarchischen Struktur. Übergangserscheinungen sind im Zusammenhang mit der Norm zu verzeichnen, etwa hinsichtlich der Schwierigkeiten der Ermittlung einer Gebrauchsnorm, der Konkurrenz mehrerer Normen, der Normeninstabilität usw.

### *1.1.2. Erklärungspotential*

Unter Erklärungspotential verstehe ich im folgenden die *systematische linguistische (fachimmanente) Aussagekraft,* die für einen Datenausschnitt im Rahmen einer bestimmten theoretischen Konzeption (einer Sprachtheorie oder einer Grammatiktheorie) unter Berücksichtigung der üblichen wissenschaftstheoretischen und fachimmanenten professionellen Maximen und Usancen zu veranschlagen ist. Hierher gehört z.B. die Reflexion über den theoretischen Status des *Idiolekts* als Gegenstand der Allgemeinen Sprachwissenschaft, wie auch die methodischen Probleme der Analyse und Beschreibung von Varianten sprecherspezifischen Verhaltens. Die Unterscheidung von Deskriptions- und Erklärungspotential ist natürlich der von Deskriptionsadäquatheit und Erklärungsadäquatheit analog, wie sie in der Grammatiktheorie üblich ist (vgl. Einleitung zu Bechert/Clément/Thümmel/Wagner 1970). Das Erklärungspotential ist vor allem ein Gegenstand aus dem Bereich der „reinen" Forschung, also der Allgemeinen Sprachwissenschaft selbst. Es wendet sich an die Fachkollegen und muß diese und zunächst niemanden sonst überzeugen. Nicht-Fachleute, wie etwa Richter, sind nicht die geeigneten Adressaten.

Materialiter handelt es sich beim „Erklärungspotential" sprachlicher Daten als linguistisch-systematisch aufbereiteten Daten zumeist um das

„richtige", angemessene, individuell nachprüfbare *Einordnen* und *In-Beziehung-Setzen* von sprachlichen Einzelformen: Bei einem Rechtschreibfehler wie z.B. *vatal* / *fatal* (vgl. u. 3.1) genügt es nicht, diese Varianten einfach als „falsch" bzw. „richtig" nebeneinanderzustellen. Man muß die Theorie der Orthographie des Deutschen, das Verhältnis von phonematischer zu graphematischer Repräsentation der Sprache, die strukturelle Wertigkeit der Orthographie von /f/ und /v/, ihren theoretischen Status in einzelnen Regionen Deutschlands bzw. in Dialekten, die Vorkommenshäufigkeiten in diversen Sprech- bzw. Schreibstilen und Alltagsroutinen, die Feststellbarkeit von Regularitäten und die Formulierbarkeit linguistischer Regeln usw. bestimmen, wenn man gesicherte Aussagen über das Erklärungspotential dieses Rechtschreibfehlers machen und mit diesem Fehler bei der forensisch-linguistischen Argumentation operieren will.

Durch eine systematische Trennung von Deskriptionspotential und Erklärungspotential wird eine wissenschaftliche Aussage über Auffälligkeiten in, an oder von Texten überhaupt erst möglich, und dadurch unterscheidet sich eine wissenschaftliche von einer journalistischen Aussage und Scharlatanerie (vgl. Kniffka 1993c).

Ebenso wie das Erklärungspotential sprachlicher Daten nicht mit dem Deskriptionspotential identisch ist, ist auch die Meinung oder Attitüde, die man als „Teilhaber" an einer Sprachgemeinschaft zu bzw. gegenüber den Daten hat, damit nicht identisch. Dies ist ein klassischer Fehler, der immer wieder gemacht wird, und eines der am häufigsten vorkommenden Mißverständnisse zwischen Linguisten und Juristen (vgl. Kniffka 1981).

Das systematische linguistische Erklärungspotential sprachlicher Elemente ist auch nicht identisch mit der „angewandt-linguistischen Aussagekraft", die man in einem konkreten forensischen Fall als Gutachter anzunehmen bereit ist. Die letztere, die ich im folgenden diskutieren möchte, ist per definitionem fachübergreifend-interdisziplinär, nicht fachimmanent zu verstehen.

### *1.1.3. Argumentationspotential*

Dieser Terminus – man könnte auch von „adjuvatorisch-applikativem Potential" sprechen – bezieht sich auf die Aussagekraft sprachlicher Fakten als linguistischer Daten in einem *interdisziplinären Argumentationszusam-*

*menhang*, z.B. in foro, in dem die Linguistik über ihr eigenes Terrain hinaus als Hilfswissenschaft einer anderen Wissenschaft oder eines Praxisfeldes (z.B. der kriminalistischen Ermittlungsarbeit) gebraucht wird.

Das *fallbezogene* Argumentationspotential ist von dem systematischen Erklärungspotential notwendig zu trennen. Einer der Gründe ist der unterschiedliche theoretische Status selbst. Die (systemlinguistischen) Aussagen des Erklärungspotentials gelten grundsätzlich generell, die (angewandt-linguistischen) Aussagen des Argumentationspotentials gelten grundsätzlich nur fallspezifisch, wobei natürlich die „Gesetze der Wissenschaft" – hier der Allgemeinen Sprachwissenschaft – nicht verletzt werden dürfen. In diesem Sinne und nur in diesem entspricht das Erklärungspotential in der Substanz dem Argumentationspotential. Ansonsten ist das letztere ein eigener (die Anwendung und die interdisziplinäre Präsentation umfassender) Analyseschritt auf der Basis des Deskriptions- und des Erklärungspotentials.

Ein weiterer Grund für eine systematische Unterscheidung ist die auch formal aufzeigbare Verschiedenheit, daß im Argumentationspotential andere Maßstäbe als die des Fachs selbst gelten bzw. hinzukommen, nämlich solche, die durch den interdisziplinären Kontext des forensischen Verwendungszusammenhangs bestimmt sind. Ferner ergibt sich ein Unterschied dadurch, daß die Ergebnisse des (fachimmanent-linguistischen) *Erklärungspotentials* zurückübersetzt werden müssen in die Diktion des *Argumentationspotentials*, die den Abnehmern der Analyse, z.B. Richtern, verständlich sein muß.

Ein Argument, das linguistische Kollegen überzeugt, überzeugt bekanntlich keineswegs notwendig auch Richter und umgekehrt. Über die Aussagekraft „sprachlicher Beweisstücke" – diese Metapher sei einmal für Elemente des linguistischen Sachverständigenbeweises gestattet – herrschen völlig unterschiedliche Vorstellungen, wie jeder, der einmal mit Richtern und Vertretern anderer Wissenschaften zu tun hatte, spontan bestätigen wird. Man kann hinzufügen, daß für alle Beteiligten Schwierigkeiten besonderer Art bestehen, die durch eigene Anstrengungen zu überwinden sind. Keiner der Beteiligten und keine der beteiligten Wissenschaften, auch nicht die Jurisprudenz, kann für sich in Anspruch nehmen, ihre „Lesart" sei die richtige oder die allein seligmachende. Damit ist selbstverständlich nicht die Tatsache in Frage gestellt, daß die Beweiswürdigung Sache des Richters und sonst niemandes ist.

Die Angewandte Linguistik, darunter die forensische Linguistik als einer ihrer jüngsten Zweige, hat einen eigenen spezifischen handwerklichen Maximenkatalog, der weder durch den Verwendungskontext selbst, noch durch die anderen beteiligten Wissenschaften hinreichend spezifiziert ist. Angewandte Linguistik bzw. ihre einzelnen Zweige haben ferner eine sich aus dem interdisziplinären Kontext ergebende fachspezifische Ethik sui generis. Die Ethik des forensischen Linguisten impliziert einerseits, daß er bei seinen Leisten bleiben muß und nicht Aussagen über Nachbarfächer machen darf, von denen er nichts versteht. Zugleich impliziert die Ethik des forensischen Linguisten gerade durch die interdisziplinäre Aufgabenstellung etwa im Rahmen der Täteridentifizierung, daß der Linguist die wesentlichen Belange und Methoden und auch das Verwendungsinteresse der Nachbarwissenschaften und Abnehmer kennen muß, wenn er ein vernünftiges Gutachten und relevante Ergebnisse liefern will.

Ein wichtiges methodologisches Desideratum wäre ferner eine „ganzheitliche" Betrachtung der Interpretations- und Auswertungssituation des Gutachters selbst. Soweit ich sehe, ist dies viel zu wenig bzw. überhaupt nicht Gegenstand der wissenschaftlichen Reflexion geworden. Damit ist die unmittelbar deutliche Tatsache gemeint, daß der Gesamtkontext der dem Gutachter verfügbaren Daten, „das kumulative Prinzip" gleichsam, von entscheidender Bedeutung für die Auswertung ist.

Dies läßt sich an einer orthographischen Variante verdeutlichen, die – je nach Art und Kontextumfang ihrer Präsentation – verschiedene Wertigkeit hat. Eine orthographische Variante kann z.B. präsentiert werden:

- im originalen Gesamtkontext des Tatschreibens,
- im originalen Satzkontext (in Kopie),
- maschinenschriftlich reproduziert im Satzkontext,
- in Isolation (in Kopie),
- in maschinenschriftlicher Reproduktion in Isolation.

Es wird unten bei der Behandlung der Beispiele der Klein- und Großschreibung, Zeichensetzung, f- und v-Schreibfehler, des Bindestrichgebrauchs und des Fugen-s-Vorkommens ausführlich behandelt, daß sich ein Gutachter, und erst recht ein Richter, der jeweils durch die Präsentation dieser Daten gegebenen Suggestion kaum entziehen kann. Der Gutachter ist u.a. natürlich auch Sprachteilhaber und damit „natürlicher Experte" (vgl. Kniffka 1991) und unterliegt allen systematischen und zufälligen Fehlern. Es macht also einen Unterschied in der Bewertung einer Variante, in welcher Form und in welcher Einbettung man sie präsentiert.

## 1.2. Ebenen der Adäquatheit der forensisch-linguistischen Analyse

Ein weiteres Postulat, das sich aus der allgemeinen Linguistik ableiten läßt und in dieser seit Jahrzehnten etabliert ist, ist hier anzufügen. Man unterscheidet *drei Arten von „Adäquatheit"* einer grammatischen Analyse:

(1) Beobachtungsadäquatheit,
(2) Deskriptions-/Beschreibungsadäquatheit,
(3) Erklärungsadäquatheit.

Sie sind grundsätzlich in dieser hierarchischen Abfolge zu berücksichtigen: Eine adäquate wissenschaftliche Beschreibung setzt adäquate Beobachtung der sprachlichen Daten voraus (nach den in der betreffenden Wissenschaft üblichen Verfahren, wie z.B. teilnehmende Beobachtung, Dokumentenanalyse, systematische, halbsystematische und nichtsystematische Interviews, Tests, Fragebogenbefragung usw.). Eine adäquate Erklärung (z.B. sprecherspezifischen Verhaltens) setzt jeweils eine adäquate Beschreibung der Daten voraus.

Ich möchte vorschlagen, daß der forensisch-linguistische Gutachter bei seiner Analyse kategorisch diese drei Ebenen der Adäquatheit überprüft. Man kann so vermeiden (helfen), daß man unmittelbar in eine falsche Richtung bei der Analyse und Bewertung z.B. von orthographischen Abweichungen gerät.

Jede „Adäquatheit" ist jeweils einzeln zu überprüfen. Dabei wäre das Verfahren der „Kontrastierung von Minimalpaaren" nach dem Grundsatz „ceteris paribus" anzuwenden, das ebenfalls seit Jahrzehnten in der Linguistik mit Gewinn erprobt ist. Mit dem Terminus „linguistisch-forensische Differentialdiagnose" (Kniffka 1981, 588) habe ich versucht, das sukzessive Eingrenzen bzw. Ausgrenzen von Alternativen zu indizieren.

Bei der „Erklärungsadäquatheit" haben wir es mit der schwierigsten Frage zu tun, weil es sich um die umfassendste Kategorie handelt und weil diverse „externe" Überprüfungs- und Bewertungsparameter berücksichtigt werden müssen. Dies sei anhand einiger Kurzbeispiele erläutert:

Bei dem Beispiel *vatale* (vgl. o. und u.) ist überhaupt unklar, welche „sprachliche Realität“ die orthographische Repräsentation wiedergeben soll. Es ist nicht einmal möglich zu sagen, welche sprachliche Form intendiert ist. Folglich ist es unmöglich, den Status als [± Fehler] unmittelbar zu beschreiben, geschweige denn zu ermitteln, um welche Art und Größenordnung eines Fehlers es sich handelt.

Auch zu dieser Problematik müssen hier wenige, vereinfachende Bemerkungen genügen: Es erscheint dringend notwendig, grundsätzlich eine dreifache Determinierung für Fehler, Norm und Abweichungsmaß zu veranschlagen und diese gleichsam im Sinne eines *Notationsrituals* strikt einzuhalten: Es gibt für (1) *Schreiber X*, (2) *in Situation Y*, (3) *im Hinblick auf Norm und Standard Z des Schreibverhaltens in dieser Situation* jeweils einen Set von binär definierbaren Fehlern:

- typische und atypische Fehler,
- normale und nichtnormale Fehler,
- häufige und seltene Fehler,
- Allerweltsfehler und idiosynkratische Fehler

und andere polare Qualitäten dieser Art. Es scheint angebracht, jeweils eine Art „Polaritätsprofil“ mit Einträgen auf einer Skala mit diesen beiden Polen für Fehler und Abweichungen aufzuzeigen und je nach Argumentationskontext zu ergänzen und auszuwerten. Wieviele polare Merkmale und Skalen dieser Art man braucht, hängt vom Argumentationskontext ab. Wenn es sich um eine diffizile Differenzierung handelt, sind mehr Polaritätsprofile und Werte zu berücksichtigen als bei einer kategorischen Verschiedenheit, z.B. bei der Frage, ob ein Fehler allein für Nicht-Muttersprachler einer Sprache nachweisbar ist oder nicht.

Für Erklärungsadäquatheit und damit die Problematik der Bewertung sprachlicher Fehler und Abweichungen ist grundsätzlich auf das in der „language attitude“-Forschung behandelte Reservoir an Werten zu verweisen, die für die Bewertung von sprachlichem Verhalten zu berücksichtigen sind. Auch dies ist durch ein vereinfachtes Beispiel illustrierbar: Mit der Notion „richtig/korrekt schreiben (können)“ sind in der deutschen Kultur vielfach Prestigefragen verbunden. Eine negative Aussage über jemandes Orthographie wird daher oft aus Rücksichtnahme vermieden. Man sage einmal seinem Kollegen oder Chef, er beherrsche in seinem Schreiben X die

Regeln der deutschen Orthographie nicht! Ob es sich um ein Abweichen von einer Norm handelt oder nicht, ist als Faktum meist evident. Gelegentlich ist es fraglich, weil unklar ist, um welche Norm es sich handelt und wie sie von wem, wo verstanden bzw. akzeptiert wird.

Es gibt bestimmte sozio-kulturelle Konventionen, wem man den Vorwurf, des Orthographieregelsystems nicht mächtig zu sein, macht und wem nicht. Alle als sogenannte gebildete Menschen mit Abitur geltenden Teilnehmer eines Kongresses etwa werden vermutlich sofort die Aussage zurückweisen, sie beherrschten die deutsche Orthographie nicht. Wahrscheinlich würden sie sagen, sie wüßten das schon, es sei nur ein „Flüchtigkeitsfehler". Was ist dieser? Ist ein Flüchtigkeitsfehler etwas auf einen konkreten Sprecher bezogen Exzeptionelles, Okkasionelles? Etwas, das bei einem Sprecher X als „Ausnahme", z.B. bei besonders hastigem und unreflektiertem Schreiben auftritt? Oder kann ein Flüchtigkeitsfehler auch „stereotypisiert" sein, d. h. von dem betreffenden Sprecher quasi als Routine immer wieder gemacht werden? Was ist mit einer Sekretärin, die in 80% aller Fälle einen „erweiterten Infinitiv mit zu" eben nicht durch Komma abtrennt, wie es der Duden vorschreibt?

Es ist klar, daß wissenschaftlich mit *Etiketten* wie *„Flüchtigkeitsfehler"* weder über die Unterscheidung faktisch beobachtbaren und selbst- bzw. fremdeingeschätzten Verhaltens und eine „an sich vorhandene" Regelkompetenz und deren Anwendung im Sprachvollzug etwas ausgesagt wird, noch damit materialiter Spezifikationen für Unterklassen von Orthographiefehlern angegeben werden können. Ein Flüchtigkeitsfehler läßt sich beinahe nur tautologisch definieren als ein Fehler, der eben bei flüchtigem Sprach- bzw. Schreibgebrauch auftritt, und häufig wird dabei (inexplizit) unterstellt: bei einer größeren Schreiberpopulation. Dies ist hochgradig unbefriedigend und bedarf einer (im wesentlichen erst jetzt einsetzenden) ausführlichen linguistischen Reflexion bzw. Spezifikation für den forensischen Kontext.

Derzeit herrscht immer noch eine gewisse Unklarheit, wie man theoretisch und methodologisch bestimmte orthographische Phänomene überhaupt behandeln soll. Wie steht es z.B. mit relativ „komplizierten" Regeln, Schreibkonventionen und Usancen, die auch sogenannte gebildete Schreiber immer wieder falsch machen? Mit Usancen, die in den letzten

Jahren, was den zentralen Aussageinhalt der Norm angeht, geändert wurden und noch nicht ins allgemeine Sprachbewußtsein (einschließlich das der gebildeten und reflektierten Schreiber) eingegangen sind, wie z.B. an die feinen Unterscheidungen der Schreibung von *Dreierkonsonanz*, wie *fetttriefend* vs. *hoffärtig*. Welcher erwachsene Schreiber des Deutschen kennt schon die Distinktion (Vereinfachung zu Zweierkonsonanz vor Vokal, nicht vor folgendem Konsonanten, laut Rechtschreibduden 1986) und wer hält sich an sie, wenn er sie kennt, etwa in persönlichen Briefen? Man denke ferner an *Worttrennungsregeln*, an *Groß- und Kleinschreibung in Funktionsverbgefügen* usw. Viele gebildete Schreiber machen erhebliche Fehler in diesen „neumodisch" geregelten Fragen.

Das Entscheidende ist daran hier, daß man eine dreifache Spezifizierung, wie sie durch die drei Terme Beobachtungs-, Beschreibungs- und Erklärungsadäquatheit gekennzeichnet ist, grundsätzlich als Beschreibungsrahmen zu berücksichtigen hat.

Es ist völlig klar, daß die Fragen der Merkmalsdefinition und Merkmalsgewinnung (s. u. Kap. 3) und die Fragen des methodischen Vorgehens nicht kategorisch getrennt werden können, sondern aufeinander zu beziehen sind.[3]

Dabei geht es vor allem um folgendes: Man kann nicht a priori festlegen, welche spezifischen Unterarten, Genres u.a. von Schreiberverhalten für die Beurteilung in einem forensischen Kontext hinsichtlich Schreiburheberschaft bzw. Autorschaft eines Textes von Bedeutung sind und welche nicht. Es gibt orthographische Merkmale, die in einem bestimmten ge-

---

3 Ein weiterer praktisch-methodologischer Aspekt, den ich nur im Vorbeigehen erwähnen kann, wäre, daß man aus der Summe der behandelten Fälle als linguistischer Gutachter die bei der Beschreibung und Bewertung sprecher- bzw. schreiberspezifischen Verhaltens besonders wichtigen und aufschlußreichen Merkmale zusammenstellen könnte. Man würde so ein (natürlich nicht repräsentatives, aber immerhin für die bearbeiteten Fälle relativ vollständiges) Inventar von „gutachtentypischen Merkmalen" erhalten, Merkmalen der linguistischen Analysetätigkeit, nicht der untersuchten Daten selbst. Man könnte diese wiederum beziehen auf, wenn man so will, „falltypische Merkmale" deutschsprachiger Tatschreiben und so einen Thesaurus von Tatmaterial-Merkmalen entwickeln. Daraus können sich indirekt Routinen ergeben, wie man als linguistischer Gutachter an Fälle herangeht, und vielleicht kann man daraus auch gewisse Maximen entnehmen, wie man an sie herangehen soll. Diese allgemeinen methodologischen Gesichtspunkte sind wichtiger, als sie auf den ersten Blick scheinen.

gebenen Kontext weniger für die Identifizierung des Schreibers geeignet sind als andere. Es gibt auch solche, die sehr stark in den Vordergrund treten. Dabei geht es nicht nur um „Merkmale des primären Schreiberverhaltens“, sondern z.B. auch um das *Korrekturverhalten* von Schreibern. Korrekturverhalten des Autors selbst oder einer anderen Person ist, mit Wahrscheinlichkeit, z.B. im muttersprachlichen Unterricht (durch einen Lehrer) von größerer Wichtigkeit als in einem Tatschreiben, auch einem Tatschreiben, an dem mehrere Autoren beteiligt sind.

Genauen Aufschluß darüber gewinnt man jedoch erst, wenn man genügend Tatschreiben im Hinblick auf Korrekturverhalten empirisch untersucht hat. Gegebenenfalls kommt man dann zu einer empirischen Generalisierung, daß Korrekturverhalten für Tatschreiben im Regelfall als Schreiberverhalten vernachlässigt werden kann, weil es den Daten zufolge so gut wie nie auftritt. Andererseits kann es dann, wenn es einmal auftritt, ein signifikanter Indikator bzw. Marker für das Schreiberverhalten sein. Daß für das Korrekturverhalten in verschiedenen Klassen von Tatschreiben je nach Redekonstellationstyp bzw. Sprachverwendungssituation verschiedene Formen und Maximen gelten, braucht hier nicht eigens erläutert zu werden. Es ist klärlich eine empirische Frage, in welchem Maße diese anderen Formen und Vorkommens-Maximen eine Unterschiedlichkeit der „Produkte“ bewirken. Einem Täter wird es in einem Tatschreiben wohl weniger auf die Korrektur von Rechtschreibfehlern ankommen, als auf die Intention, seine Botschaft abzusetzen, im Vergleich zu einem Schüler in einem Diktat im Deutschunterricht.

Die zentralen methodologischen und darstellungstechnischen Probleme sind im Zusammenhang mit dem Beispiel *vatale* für die drei Stufen der Adäquatheit der linguistischen Analyse genannt. Das Wichtigste ist: Sämtliche sprachwissenschaftlich-systematischen und angewandt-linguistischen, „beweistypischen“ Bezüge sind bei jedem einzelnen Argumentationsvorgang in einem Gutachten zu berücksichtigen.

Ein weiteres Beispiel für die Notwendigkeit und zugleich die Problematik der linguistischen Methodologie der Gewinnung von Merkmalen: Es genügt nicht, einfach die Systemdaten der Orthographie für irgendwelche Korpus-Daten anzunehmen, also z.B. die Schreibung von f und v in Relation zum phonetisch-phonologischen System des Deutschen zu setzen. Beim Beispiel *vatale* ist das System insgesamt, die Normenfrage als solche völlig unklar, wie etwa auch beim Beispiel des Bindestrichs von Zahlwörtern. In diesen Fällen ist schwer entscheidbar, was man überhaupt als „Standard“ annehmen soll.

Eine Beschreibung von System und Norm(en) allein aus der Sicht des linguistischen Beobachters ist ebenso unzureichend wie eine Beschreibung allein aus der Sicht des Sprachbenutzers oder des sog. „idealisierten“ kompetenten Sprechers und Schreibers des Deutschen. Man muß, wenn es um die Klassifikation eines Tatschreibens etwa aus der Gruppe der Jugendlichen geht, für die Beschreibungs- und Erklärungsadäquatheit unter anderem Daten der *Progression* des Erlernens muttersprachlicher Rechtschreibung in ihrer gesamten Komplexität mitberücksichtigen.

Wenn man die Progression des Erwerbs muttersprachlicher Rechtschreibung nicht berücksichtigt, werden sämtliche möglichen Indikatoren für die Altersklasse von Tätern nicht zu Gebote stehen. Die Beschreibung der *Progression* betrifft nicht allein den *Sprachgebrauch*, sondern auch (1) *die Beschreibung der Progression in Lehrwerken* (den *Sollzustand*), (2) *die Beschreibung der Progression in der Unterrichtsrealität* (was von den an sich für bestimmte Altersstufen vorgesehenen Rechtschreibfragen auch tatsächlich im Unterricht umgesetzt wird, also den Ist-Zustand des Unterrichts) und (3) *die faktische Lerner-/Schülerrealität der Rechtschreibung* (Ist-Zustand des Schülerverhaltens).

Als Beispiel sei hier nur die Groß- und Kleinschreibung von Eigennamen genannt, *„Hotel Unter den Linden“* oder *„Sportklub Empor Rostock“* (vgl. Fleischer 1976). Es ist klar, daß die Schreibung von Eigennamen insbesondere dann, wenn sie exzeptionell ist, von Bedeutung sein kann. Feinheiten der Orthographie, wie die Groß- und Kleinschreibung von Namen, werden in der Regel *nach* der Behandlung der Groß- und Kleinschreibung für Substantive im Deutschen behandelt (insofern es sich dabei um „Ausnahmen“ handelt). Wenn also Abweichungen in der Groß- und Kleinschreibung von Substantiven generell in einem Tatschreiben vorkommen, jedoch keine in der diese an sich voraussetzenden Rechtschreibung von Eigennamen, so ist das der „markierte Fall“, was die linguistische Analyse angeht.

Abschließend möchte ich noch einmal auf den Begriff „linguistische Differentialdiagnose“ zurückkommen. Der zentrale Punkt dabei ist: Es wird keineswegs mit substantiell vorgegebenen, sondern mit „funktional“ definierten Merkmalen gearbeitet. Nicht Mengen von Merkmalen, die „an sich“

den Charakter von idiolektalen/sprecherspezifischen Indikatoren (markers) haben, sondern Merkmale, die unter bestimmten Voraussetzungen (d. h. bei einer bestimmten Datenlage hinsichtlich der Gegebenheiten des Gebrauchs und des Analysekontextes) als sprecherspezifisch bzw. sprecherdiskriminierend gewertet werden, stehen zur Disposition. Bestimmte Merkmale können für die Definition idiolektalen sprachlichen Verhaltens dienlich sein, ohne selbst „merkmalhaft" für Idiolekte zu sein.

Damit erübrigt sich zum Teil die Kritik bzw. Pseudokritik von Brückner 1990 u.a., was „Merkmale des Individualstils" (sic) angeht. Kein vernünftiger Linguist wird behaupten, sprachliche Elemente oder auch orthographische Produkte hätten Kennmarken hinsichtlich der Autorschaft oder müßten sie haben (obwohl es so etwas wie „Schreibmarotten", hochgradig idiosynkratische habituelle sprachliche Verhaltensweisen gibt).

Es wird also nicht postuliert, daß individualstilistische Merkmale materialiter gegeben sein müßten. Eine identifizierende Definition im Sinne einer Zuschreibung eines bestimmten Merkmals zu einem einzigen Autor oder Schreiber im Sinne einer 1:1-Proportion dürfte hier nur in den allerwenigsten Fällen möglich sein, und selbst dann, wenn man ein Beispiel dafür fände, wäre es ja durch jedermann beliebig wiederholbar, also forensisch als autorspezifisches Merkmal nicht aussagekräftig.

Dies ist sozusagen ein Element der zugrundeliegenden Fragestellung der forensisch-linguistischen Analyse sprecher- und schreiberspezifischer Merkmale zur Autorschaftsbestimmung. Des weiteren wird die forensisch-linguistische Differentialdiagnose durch drei Charakteristika gekennzeichnet.

(1) Eine linguistische Differentialdiagnose impliziert, daß es eine Vielzahl von Vergleichsebenen und Zuordnungsmöglichkeiten, „Kompatibilitäten" und *matching levels* gibt.

(2) Eine linguistische Differentialdiagnose beinhaltet, daß es für die Durchführung differentialdiagnostischer Vergleiche eine Menge unterschiedlicher prozeduraler Verfahren, unterschiedlicher Analyseziele sowie Arten der Analyse gibt.

(3) Das wichtigste Charakteristikum: Eine linguistische Differentialdiagnose impliziert eine Kategorie des *tertium comparationis, in Bezug auf was* irgendeine Variable (auf verschiedenen Vergleichsebe-

> nen und in bestimmten Hinsichten) verglichen wird. Es genügt nicht zu sagen, X ist eine auffällige Form und Y ist eine nicht-auffällige Form. Jede einzelne Prädikation dieser Art muß als drittes Element die Angabe enthalten, im Hinblick worauf die Form als auffällig, abweichend usw. festgestellt ist.

Dies bedeutet, daß für eine forensisch-linguistische Aussage über ein Sprachmittel ein Formalismus zu entwickeln ist, wie man eine forensisch-linguistische Differentialdiagnose für eine bestimmte Menge von Daten festzustellen hat. Wir sagen also nicht einfach, dieses ist ein Beispiel X eines Autors X, oder dieses ist nicht ein Beispiel X eines Autors X, oder, noch schlimmer, dieses Beispiel X kann nicht von einem Autor X stammen. Dies wäre völlig unwissenschaftlich. Wir erstellen auch nicht einfach oppositionelle Definitionen, etwa das Beispiel X ist nicht von Autor X, sondern von Autor Y. Auch diese Art Aussagen können im Grunde wissenschaftlich nicht vernünftig erhärtet werden. Wir treffen zunächst auch keine Aussagen über *Autoren*, sondern nur über *Texte von Autoren* (Tatschriften, Vergleichsschriften usw.). Nach einer umfassenden Textanalyse werden sprecher-/autor- bzw. schreiberspezifische Qualitäten von sprachlichen Daten in einer viel komplexeren Weise darzustellen versucht.

Man würde etwa formulieren: Auf der Basis einer morphologischen Analyse und Beschreibung, die die Gesamtheit der formalen Muster z.B. der Wortbildungen in einem Text X und einem Text Y vergleicht, um strukturelle Ähnlichkeiten bzw. Unterschiede des Verbalisierungs- oder Formulierungsverhaltens herauszufinden, zu rekonstruieren, stellen wir fest, daß in Bezug auf den Standard der Wortbildung eines erwachsenen deutschen Sprechers aus Norddeutschland, aus der Kölner Innenstadt usw., das sprachliche Beispiel X der Tatschreiben in morphologischer, morphologisch-syntaktischer oder semantischer Hinsicht abweichend, konform, textkonform zu beurteilen ist.

Dies ist nicht eine formalistische Pedanterie, sondern eine Notwendigkeit der Kautelen, die in jedes einzelne Statement einzubauen sind. Wir sagen also nicht einfach „dieses Beispiel muß von Autor X kommen" oder „dieses Beispiel kann nicht von Autor X, sondern nur von Autor Y kommen", sondern stellen erheblich komplexer und differenzierter und so, hoffentlich, adäquater zunächst die Beschreibungsebene fest. Dann stellen wir fest, in welcher Hinsicht und mit welchem Ziel verglichen wird. Danach, was der Angel- und Drehpunkt ist, worum es sich forensisch-linguistisch bei dem Vergleich handelt. Dafür sind unten einige Beispiele gegeben.

Auf der Ebene der Beschreibung des betreffenden Teilsystems des Deutschen (Syntax, Wortbildung usw.) vergleichen wir die sprachlichen Elemente X und Y, um strukturelle Ähnlichkeiten oder Unterschiede im Hinblick auf das sprachliche Verhalten, das dazu geführt hat, zu ermitteln, und um es mit dem Standard des Sprachsystems bei erwachsenen Sprechern des Deutschen zu vergleichen.

Es ist keine Frage, daß dies eine komplexe Methode und auch Diktion beinhaltet, die Richtern gelegentlich schwerfällt. Dafür gibt es natürlich Übersetzungsmöglichkeiten und -pflichten des Gutachters. Die fachimmanente Seite muß aber konzeptionell so gefaßt sein, um adäquat zu sein. Evidenzen für sprecherspezifisches Verhalten in einem anonymen Text scheinen bei einer linguistischen Differentialdiagnose als *Implikation* formulierbar (ein Merkmal „impliziert" in seinem Vorkommen ein anderes, jedoch nicht umgekehrt). Diese Sachlage entspricht der Situation bei den sog. *implicational universals* in der Sprachtypologie. Vereinfacht: Universalien sind allen Sprachen eigene Merkmale. Statt einer einfachen Formulierung „jede Sprache hat die Kategorien X und Y" (dies wäre die Beschreibung von substantiellen Universalien) sind oft implikative Formulierungen nötig und möglich wie *„wenn* eine Sprache X hat, hat sie auch Y, aber nicht umgekehrt". Jede Sprache, die über die Numeruskategorie „Trial" verfügt, hat auch einen „Dual", aber nicht umgekehrt.

Implikationelle Feststellungen über Evidenzen sprecherspezifischen Verhaltens im forensischen Bereich sind natürlich nur dann formulierbar, wenn die systematische Analyse des grammatischen *Systems* wie auch des *Sprachgebrauchs* wissenschaftlich hinreichend geklärt sind und die Annahme einer Implikationsrelation theoretisch begründet und empirisch nachgewiesen werden kann. Man denke an das o. g. Beispiel aus der Rechtschreibung. Eine Progression, ein Lernfortschritt auf der Zeitachse, im Spracherwerb/Unterricht kann auch als eine Implikation beschrieben werden.

Es gibt ferner die sprachsystematische Implikation, daß jemand ein bestimmtes syntaktisches Muster strukturell nicht tätigen kann, ohne ein anderes tätigen zu können, d. h. die Grundvoraussetzung dazu zu haben. Freilich steht die Linguistik hier noch am Anfang[4].

## 2. Erkennbarkeit und Aussagekraft orthographischer Merkmale

Ich möchte in diesem Kapitel anhand von (wenigen) Beispielen exemplarisch die Problematik der unterschiedlichen Erkennbarkeit und Aussagekraft orthographischer Merkmale im Hinblick auf die Beschreibung und Erklärung sprecher- bzw. schreiberspezifischen Verhaltens diskutieren.

Übergreifende Maxime ist dabei nicht eine fachwissenschaftlich-exhaustive oder theoretisch-umfassende Darlegung, sondern eine lediglich fragmentarische, jedoch laienverständliche Darstellung der grundsätzlichen Problematik. An anderer Stelle ist auf die Tatsache hingewiesen, daß sprachliches Verhalten (einschließlich des orthographischen Verhaltens) nicht Kennmarken individueller Urheber trägt. Sprache ist vielmehr als Kommunikationsmittel zwischenmenschlicher Verständigung gerade dadurch charakterisiert, daß sie allgemein verständlich und nicht „idiosynkratisch" geformt ist. An anderer Stelle (Kniffka 1981, 1992a) sind auch die Mißverständnisse diskutiert, die sich aus ungerechtfertigten Erwartungen an die forensisch-linguistische Analyse ergeben.

Hier ist zunächst, vereinfacht, festzustellen, daß sprecher- bzw. schreiberspezifische sprachliche Merkmale hinsichtlich der „Erkennbarkeit" des Urhebers und hinsichtlich ihrer Aussagekraft in einer forensisch-linguistischen Analyse der Schreiburheberschaft nicht einfach vorausgesetzt werden können. Ebensowenig sind sie der praktischen oder theoretischen Fach-Literatur, etwa dem Rechtschreibduden oder auch einer aufwendigen Grammatik des Deutschen, zu entnehmen. Vielmehr ist, fallbezogen, eine

4 Von Implikationsrelationen dieser Art sind Kovariationsgesetzmäßigkeiten von Merkmalen zu unterscheiden, die grundsätzlich unabhängig voneinander variieren, wie z.B. Merkmale der Rechtschreibung und Merkmale der Wortstellung. „Merkmalkonfigurationen" dieser Art sind in der forensisch-linguistischen Autorschaftsbestimmung von nicht geringerer Bedeutung als in der gerichtlichen Schriftvergleichung (vgl. besonders L. Michel 1982). In der Linguistik scheinen (soziolinguistische) Kookkurrenzregeln die geeignetste Notation.

der Beobachtungs-, Beschreibungs- und Erklärungsadäquatheit genügende linguistische Analyse vorzunehmen, die in jeder Hinsicht aufwendig ist.

Die chamäleonhafte Natur graphischer Abweichungen im Hinblick auf die Beschreibung und Erklärung schreiberspezifischen Verhaltens möchte ich durch einige einfache Beispiele veranschaulichen. Sie entstammen zumeist dem intermediären Bereich zwischen „richtigen Fehlern“ und „geringfügigen Verstößen“, den „Zweifelsfällen“ der Rechtschreibung, die mit großer Sorgfalt auf der Primarstufe gelehrt, mit mehr oder minder großem Erfolg gelernt bzw. dann auch praktiziert werden. Ein solches Beispiel ist etwa die in Abb. 1 gegebene 3-Konsonantenschreibung bzw. 2-Konsonantenschreibung.

| **Nur 2-Konsonanten** | **Alle 3-Konsonanten** |
|---|---|
| Schiffahrt | Auspuffflamme |
| Brennessel | Pappplakat |
| Balletttheater | Balletttruppe |
| Wetturnen | fetttriefend |

*Abb. 1: Mehrfachkonsonantenschreibung*

Laut Rechtschreibduden 1986 ist Vorschrift: dreifache Konsonanz, wie in dem Kompositum *Schiff + Fahrt*, wird vor Vokal zu zweifacher Konsonanz vereinfacht, daher *Schiffahrt*, *Wetturnen*. Dagegen wird vor folgendem Konsonanten dreifache Konsonanz geschrieben, *Auspuff + Flamme* wird *Auspuffflamme* mit drei f, *Pappplakat* mit drei p, *Balletttruppe* mit drei t, *fetttriefend* mit drei t.

Ich bekenne freimütig, daß ich diese Regel, wenn ich sie denn irgendwann im Laufe meiner schulischen Ausbildung gelernt habe, völlig vergessen habe und erst jetzt bei der Beschäftigung mit diesem Aufsatz wieder darauf aufmerksam geworden bin.

Mein Schreibverhalten hingegen scheint in der Hinsicht („falsch“ nach der obigen Vorschrift) geregelt (gewesen) zu sein, daß ich *alle* Formen dieser Art nur mit zwei Konsonanten geschrieben habe. Eine Miniaturumfrage in meinem Bekanntenkreis hat ergeben, daß nicht wenige meiner Kollegen und Freunde ähnlich verfahren. Freilich ist die Selbsteinschätzung des Schreibverhaltens nicht identisch mit einer systematischen Analyse desselben.

Ähnlich wie mit der 3-Konsonantenschreibung ist es mit der Zusammen- und Getrenntschreibung in Fällen wie: *er wollte dabeisein*; *er ist dabeigewesen*; *der Brief ist bekanntgeworden* vs. *wenn er dabei ist*; *wenn er dabei war*; *als der Brief bekannt wurde*.

Auch hier entspricht mein eigener Schreibgebrauch, sofern ich ihn richtig einschätze, nicht der Regelvorschrift: Ich schreibe in einem Teil der eigentlich zusammenzuschreibenden Beispiele, genauer gesagt, allen außer dem Infinitiv, die Wörter getrennt, also auch *er ist dabei gewesen* und *der Brief war bekannt geworden* in zwei Wörtern. Auch hier ergab eine Befragung von Kollegen und Freunden, daß viele, aber keineswegs alle, die gleiche Praxis zeigen.

Die Sprachwissenschaft ist eine deskriptive, nicht eine präskriptive Wissenschaft, d.h. so wichtig die Frage der Befolgung der Normen und Vorschriften und auch die Frage ihrer Didaktik etwa für den Muttersprachenunterricht ist, für den Linguisten ist die Beschreibung und Analyse des normgerechten und normverletztenden Verhaltens der eigentlich interessante Gegenstand. Den forensischen Linguisten interessiert dabei vor allem der Aspekt, daß in diesem Bereich bzw. bei einem Repertoire von Rechtschreibformen dieses „Regularitätsstatus" – und auch des „Regularitätsbewußtseins" der Schreiberpopulation – offenbar individuelle bzw. sprecherspezifische Verhaltenssyndrome annehmbar sind, die als solche relativ invariant zu sein scheinen.

Es sieht so aus, daß „man" entweder immer Doppelkonsonanz schreibt, ungeachtet der Regelvorschrift des Rechtschreibduden oder eben immer oder so gut wie immer sich an die Regelvorschrift hält. Dies ist zunächst freilich nur ein Postulat, nicht eine empirisch gesicherte Tatsache. Sie steht zudem in einem gewissen Widerspruch zu der in der Sozialpsychologie und der dadurch beeinflußten Linguistik als sicher angenommene Tatsache, daß es keine uneingeschränkten Konstanten sprecherspezifischen Verhaltens gibt, sondern wenn überhaupt, Konstanten sprecherspezifischen Verhaltens in bestimmten Situationen (vgl. Kniffka 1991).

Möglicherweise kann man die betreffende Schreiberpopulation, die jeweils für eine Variante angenommen werden kann, anhand anderer (prinzipiell unabhängiger) Merkmale definieren (Altersklasse, Bildungsgrad, persönliche Geschichte usw.). Genauere Daten zu sprecher- bzw.

schreiberspezifischen Verhalten liegen jedoch derzeit nicht vor, und es wird noch eines nicht unerheblichen Aufwandes empirischer Analyse bedürfen, bis sie vorliegen. Alles dies besagt für die forensisch-linguistische Analyse, daß man keineswegs mit diesen „Konstanten schreiberspezifischen Verhaltens“ bereits forensisch aussagekräftige Größen gewonnen hätte, die man praktisch nur noch mit anderen Größen korrelieren muß, um eine für die kriminalistische Ermittlung vollwertige Analyse zu erhalten. Freilich besagt der Zustand der Analyse derartiger Verhaltensdaten auch nicht, daß eine Analyse schreiberspezifischen Verhaltens für die forensische Linguistik „grundsätzlich aussichtslos“ sei.

Für den hier vorliegenden Zusammenhang scheinen mir die folgenden Gesichtspunkte von besonderer Bedeutung zu sein:

1. Man wird ein *Kontinuum* schreiberspezifischen Verhaltens annehmen müssen hinsichtlich der *Variationsamplitude* des einzelnen Sprechers bzw. Schreibers und der einzelnen Abweichung, d.h. hinsichtlich des *Abweichungsmaßes* und des Exzeptionalitätsgrades sprecherspezifischen Verhaltens. Dies beinhaltet auch, daß, um die beiden Enden des Kontinuums zu benennen, eine Schreibvariante X eine extrem häufig und bei sehr vielen Schreibern vorkommende „Allerwelts-Variante“ eines ‚slip of the pen‘, eine Schreibvariante Y dagegen eine hochgradig *idiosynkratische*, insgesamt bei Schreibern und auch bei einem einzelnen Schreiber extrem selten vorkommende Variante sein kann. Es ist zwar üblicher- und normalerweise, jedoch keineswegs notwendigerweise so, daß die letztere „schreiberidentifizierend“ ist. Nicht einmal, daß bei ihr die Schreiberidentifizierung leichter als bei ersterer ist.
2. Schreibvarianten sind hinsichtlich ihres „Aggregatzustandes“ und hinsichtlich ihrer Wertigkeit nicht ein für alle mal festgelegt, statisch oder grundsätzlich invariant. Vielmehr sind sie in vielfacher Hinsicht *variable*, chamäleonhafte dynamische Entitäten. Ein und dieselbe graphische Repräsentation kann je nach „innerem“ Kontext (z.B. entsprechend ihrem Vorkommen und ihrer Umgebung auf einer Seite einer Tatschrift) und „äußerem“ Kontext (z.B. entsprechend einer kriminalistisch anderweitig eingegrenzten Klasse möglicher Schrifturheber und der gesamten Vorkommensituation des Tatschreibens)

verschiedene, völlig verschiedene Wertigkeit haben. Dafür sind unten in Kap. 3 Beispiele gegeben.

Wichtig ist in diesem Zusammenhang ein weiteres Faktum, das hier ebenfalls nur kurz angedeutet werden kann: Das Zusammenvorkommen diverser Schreibvarianten, eine bestimmte „Merkmalskonfiguration", kann (!) insgesamt eine starke Suggestion hinsichtlich der Schreiburheberschaft ausüben, die, durch andere unabhängige Evidenz abgesichert, ein wichtiges Hilfsmittel für kriminalistische Ermittlungsarbeit sein kann.

Die Schwierigkeit der Bestimmung der Wertigkeit von Schreibermerkmalen läßt sich auch an dem in Abb. 2 gegebenen Beispiel illustrieren:

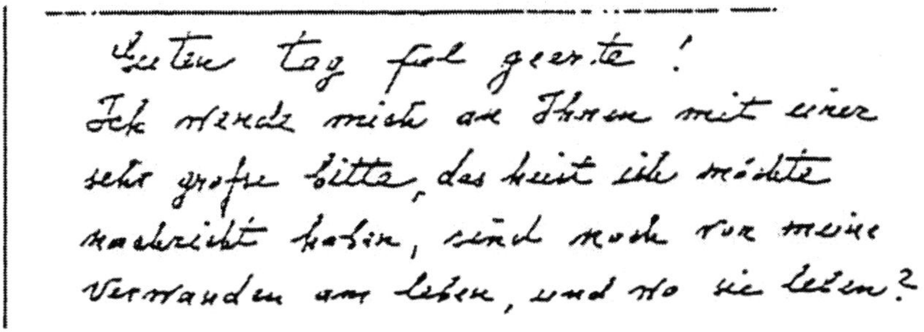
Guten tag fiel geerte!
Ich wende mich an Ihnen mit einer
sehr große bitte, das heist ich möchte
nachricht haben, sind noch von meine
Verwanden am leben, und wo sie leben?

*Abb. 2: Brief einer Auslandsdeutschen an den SPIEGEL*

*Guten tag fiel geerte! / Ich wende mich an Ihnen mit einer / sehr großen bitte, das heist ich möchte / nachricht haben, sind noch von meine / Verwanden am leben, und wo sie leben?*

Dieses Schreiben wird vermutlich von Sprechern des Deutschen unmittelbar als durch einen „nicht-muttersprachlichen" Sprecher bzw. Schreiber geschriebener Brief erkannt. Es handelt sich um das Schreiben der über 70jährigen Wolgadeutschen Frieda Funk. Abgesehen von den durch Schriftsachverständige festzustellenden Merkmalen der Schreibweise selbst, die ich nicht zu beurteilen vermag, und abgesehen von den grammatischen (morphologischen und syntaktisch-semantischen) Abweichungen, deren Befund die Deutung unterstützen (können) scheint mir relativ leicht erkennbar, daß weniger die Kleinschreibung von Nomina (*Tag*, *Bitte*, *Nachricht*, jedoch *Verwanden*), die auch von anderen Schreibern, auch jüngeren, z.T. bekanntlich als „systempraktiziert" vorkommt, als vielmehr die Anredeform der ersten Zeile *Guten tag fiel geerte!* in der grammatischen und orthographischen Befindlichkeit als Indikator für nicht-(voll)muttersprachliches Schreiberverhalten erkennbar: Erstens würde man einen Brief nicht mit *Guten Tag* anfangen (hier offenbar, weil es sich um einen der erinnerten Ausdrücke des Deutschen handelt). Zweitens würde man einen Ausdruck wie *Sehr geehrte Damen und Herren* o.ä. erwarten. Drittens ist die Schreibung in der Briefanrede (*fiel* mit f und vor allem *geerte* ohne h) eine Konkomitanz von Schreibfehlern, die dort (!) nicht als übliche Fehler bei erwachsenen „nativen" Schreibern des Deutschen vorkommen (wobei darauf hinzuweisen ist, daß die Verschreibung von f für v und umgekehrt und auch die Weglassung des „Dehnungs-h" mit zu den häufigeren Schreibfehlern gehört, vgl. die in Kniffka 1992a genannte Literatur).

## 3. Zur forensisch-linguistischen Merkmalsgewinnung und -definition: Praktische Beispiele aus der deutschen Orthographie

Zur Illustration der forensisch-linguistischen Merkmalsgewinnung und -definition möchte ich einige praktische Beispiele aus der deutschen Orthographie erörtern. Auch die Diskussion im folgenden ist notgedrungen fragmentarisch und abgekürzt.

### 3.1. Zuordnung graphischer und phonetischer Einheiten: f-/v-Schreibung

Erste Voraussetzung für die Klärung, ob irgendetwas ein orthographischer Fehler ist bzw. welche Art und welchen Status und damit welches Erklärungspotential dieser „Fehler" hat, ist natürlich die Klärung, was eine graphische Repräsentation überhaupt bedeuten soll: Welches Wort, welche Form sie meint, wofür sie steht. Im Fall der genannten Tatschrift mit *vatale* (vgl. Abb. 3), bleibt es unklar, was dieses *vatale* überhaupt heißen soll, ob es das Adjektiv *fatal* ist, ein fremdsprachliches Adjektiv, das so ähnlich klingt, aber unterschiedliche Bedeutung(en) hat, etwa des Französischen oder des Englischen, ob es ein Ortsname ist usw. Darüber lassen sich aufgrund der Daten keine verläßlichen Auskünfte geben. Leider unterlassen es Gutachter häufig (wie im vorliegenden Fall, vgl. Kniffka 1992a), dieses Problem überhaupt zu nennen.

Jede orthographische Beurteilung setzt also die Klärung voraus, wofür eine Schreibung überhaupt steht. Nach Klärung der Zuordnung einer graphischen Repräsentation zu einer sprachlichen Einheit, zu einem bestimmten sprachlichen Zeichen, sind die konkreten Abweichungen zu klären, wobei die o. g. drei Adäquatheiten zu überprüfen sind.

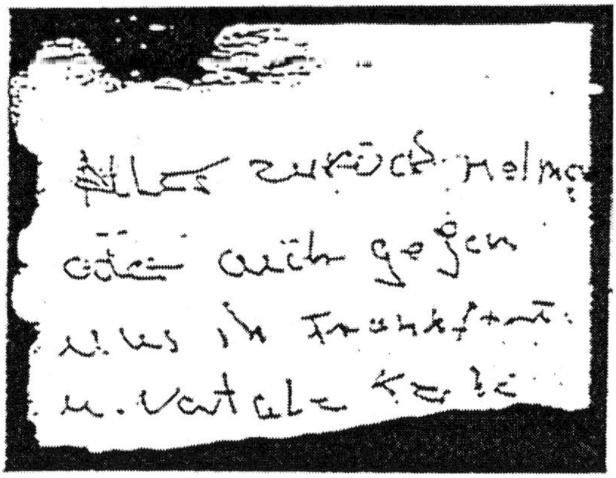

*Abb. 3: Tatschrift*

*Vorderseite: „Alles zurück nehmen oder auch gegen uns in Frankfurt u. vatale ...“*

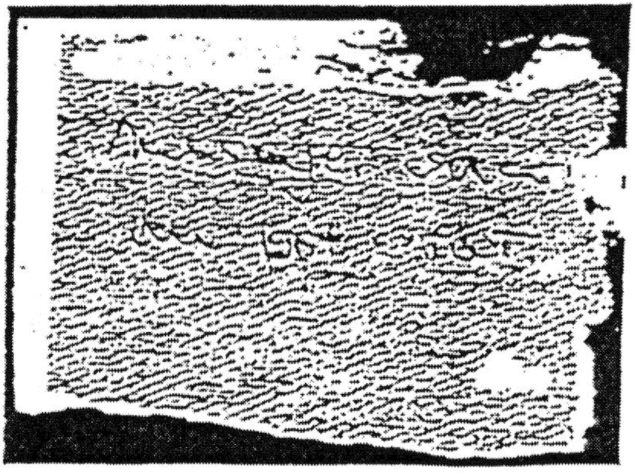

*Rückseite: „Aussage oder du bist tot“*

Ein weiteres Beispiel, an dem sich die Überprüfung der Beobachtungs-, Beschreibungs- und Erklärungsadäquatheit veranschaulichen läßt, ist die Interpunktion auf dem Tatschreiben-Ausschnitt in Abb. 3.

*Beobachtungsadäquatheit*: Zunächst muß geklärt werden, als was die graphische Markierung unter dem zweiten e des Wortes *zurücknehmen* der ersten Zeile semiotisch anzusehen ist, ob es z.B. ein Komma ist, das, weil die Zeile voll war, unter statt hinter das Wort geschrieben wurde.

*Beschreibungsadäquatheit*: In dem Tatschreiben wird konsistent vom Schreiber zweimal vor einem mit *oder* eingeleiteten Satz ein Komma gesetzt (entsprechend dem Standard der deutschen Interpunktion), im Gegensatz zu den Vergleichsschriften, für die ein beinahe totales Fehlen von Kommata (abweichend vom Standard der deutschen Interpunktion) typisch ist, wie aus Abb. 4 erkennbar ist.

*nach dir er liebt dich über alles. ich versuche*
*ihn alles langsam beizubringen. er weis das*
*du im Gefängnis bist. weißt du egal*
*wo man ist wenn man jemanden liebt*
*steht man zu ihm. manchmal will er nicht Essen*

*Abb. 4: Interpunktions- und Orthographieverhalten in einem beliebig herausgegriffenen Absatz (Seite 2 eines Briefes) aus einer Vergleichsschrift (VS)*

*Erklärungsadäquatheit*: Wenn man diese und weitere Daten des Orthographieverhaltens (vgl. Kniffka 1992a) der Tatschreiben und der Vergleichsschrift im Hinblick auf eine gemeinsame Schreiburheberschaft interpretiert, kommt man zu dem Schluß, daß mit Wahrscheinlichkeit kein identischer Schreiber gegeben ist, wofür auch Daten außerhalb des Bereichs der Orthographie sprechen. Dies bedeutet für die konkrete Fragestellung des linguistischen Gutachtens eine Bestätigung des Ergebnisses des Schriftsachverständigengutachtens (Nichtidentität).

## 3.2. Normenvielfalt: Bindestrich

Ein anderes Problem kann durch den Gebrauch des *Bindestrichs* illustriert werden, wofür nur eine summarische Darstellung eines konkreten Beispiels aus einer Tatschrift gegeben werden kann. Das Beispiel soll verdeutlichen, daß man in vielen Fällen überhaupt nicht weiß, *was als Norm anzunehmen*

*ist,* welche Bezugs- und Meßgrößen man wie in Relation zu den Daten einer Tatschrift setzen soll.
Wenn man sich im Rechtschreibduden 1986 kundig zu machen versucht, wie die Norm ist, ist das Ergebnis dieser Analyse (des Rechtschreibdudens) nicht nur nicht aussagekräftig, sondern geradezu deprimierend-verwirrend. Manchmal ist die Sache nach Einsicht in den Rechtschreibduden buchstäblich weit unklarer als vorher. Sodann will man wissen, wie die *Gebrauchsnorm* aussieht, wenn schon die allgemeine Standardnorm offenbar nicht klar zu ermitteln bzw. zu beschreiben ist.

Dafür wurden diverse Miniatur-Umfragen mit Studenten durchgeführt, unter verschiedenen Bedingungen und in diversen Kontexten. Es handelt sich um Studenten linguistischer bzw. germanistischer Kurse.

Die Experimente waren folgendermaßen aufgebaut: Einer Gruppe von Versuchspersonen wurde die Instruktion gegeben, sie möchten die in Abb. 5 gegebene Äußerung hinsichtlich ihres Stils beurteilen. Einer anderen Gruppe von Versuchspersonen wurde gesagt, daß ihre Französisch-Kenntnisse getestet werden sollten und sie den in Abb. 5 gegebenen Satz aufschreiben sollten. Einer wieder anderen Gruppe wurde der Satz diktiert mit der Frage *„Was verrät die Formulierung über den Sprecher?"* und das Experiment nach Niederschreiben des Satzes durch die Probanden dann abgebrochen. Einer Kontrollgruppe wurde schließlich die explizite Frage vorgelegt *„Wie schreiben Sie die Zahl X in dem Satz ‚...'?"*

Summarisch werden zur exemplarischen Illustration nur drei beliebig herausgegriffene Antworten des zweitgenannten Tests mit Verschiebung in der Aufmerksamkeit präsentiert (Abb. 5).

Die Ergebnisse zeigen, was für ein verwirrendes Bild die Datenlage hier abgibt: Es kommen nicht nur alle theoretisch möglichen Varianten der graphischen Repräsentation vor, sondern es gibt dazu eine sehr hohe intrapersonale (sprecherspezifische) Variation. Ein Sprecher schreibt mal diese, mal jene Variante, ohne daß man sagen könnte, worauf dies beruht. Zusammenfassend ist festzustellen: In nicht wenigen Fällen von augenscheinlich relevanten und signifikanten Merkmalen sprecherspezifischen Rechtschreibverhaltens ist es unendlich schwer bzw. (heute) de facto unmöglich, die Bezugsgrößen des Standards bzw. der Norm des heutigen Deutschen zu ermitteln. Vor allem deshalb, weil diese Bezugsgrößen wissenschaftlich noch nicht detailliert und adäquat beschrieben sind. Miniaturexperimente sind natürlich nur Notlösungen, die die Gutachtenfrage vorläufig klären, d. h. als Fragestellung zu formulieren helfen sollen.

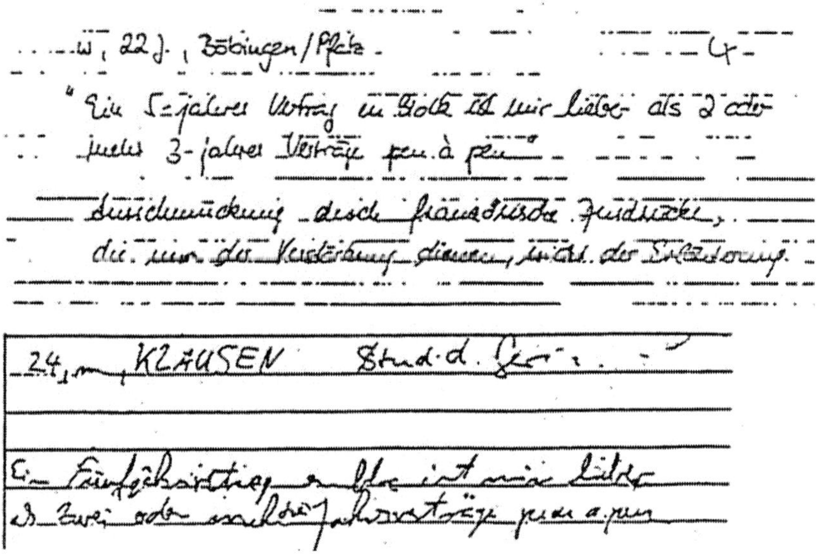

*Abb. 5: Antworten aus den Miniatur-Umfragen*

*Text 1:* w, 22 J., Böbingen/Pfalz „Ein 5-jahres Vertrag en block ist mir lieber als 2 oder mehr 3-jahres Verträge peu à peu.“ Ausschmückung durch französische Ausdrücke, die nur der Verstärkung dienen, nicht der Erläuterung.

*Text 2:* 24, m, KLAUSEN Stud d Ger. Ein Fünfjahrsvertrag en bloc ist mir lieber als zwei oder mehr dreiJahrsverträge peu a peu

*Text 3:* (nicht in Abb. 5): weiblich 20 Jahre/Olpe „Ein fünf-Jahres-Vertrag en block ist mir lieber als zwei oder mehr 3-Jahres-Verträge peu à peu.“ Auffällig ist die Verwendung von sogenannten „Fremdwörtern“, die hier aus dem Französischen stammen: „en block“ und „peu à peu“. Es ist die Frage zu stellen, warum diese Worte gewählt worden sind und nicht deutsche Entsprechungen.

## 3.3. Grammatik- und/oder Orthographiefehler: *„Fugen-s“*

Besonders geeignet zur Illustration der Probleme, die sich der forensisch-linguistischen Analyse hinsichtlich orthographischer Varianten stellen, ist das sogenannte „Fugen-s“ im Deutschen. Ich möchte, ausgehend von der Beleglage in einem konkreten Tatschreiben, exemplarisch erläutern, was der Linguist in der Analyse alles berücksichtigen muß. Aus Gründen der Diskretion gehe ich dabei auf das Ergebnis des Gutachtens im konkreten Fall und auch auf sämtliche Daten des Verfahrens im engeren Sinne nicht ein, zumal davon für die Erläuterung der grundsätzlichen Frage nichts abhängt.

In dem betreffenden Fall handelte es sich um diverse Verleumdungsbriefe, u.a. eine anonyme Strafanzeige, gegen ein Unternehmen. Im Tatschriftoriginal kam bei einigen Formen, in denen man nach dem Standard des heutigen Deutschen im Sprachgebrauchs ein Fugen-s erwarten würde, kein solches vor, vgl. Abb. 6. Für den Orthographiebefund nicht ohne Interesse ist auch die Tatsache, daß den Gerichtsakten eine sogenannte „Leseabschrift“ beigefügt war (wie häufig bei Tatschriften, die schwer lesbar sind), in der teils die fehlenden „regulären“ Fugen-s eingefügt, teils andere (eben ihrerseits dem Standard des heutigen Deutschen nicht entsprechende) Fugen-s weggelassen worden waren. Ein Gesamtbild aller mit Fugen-s vorkommenden Wörter der Leseabschrift und des Tatschriftoriginals läßt sich Abb. 6 entnehmen.

Staatsanwaltschaft, Vorteilannahme, Vorstandsmitglied, Mittelstandsvereinigung, Übergangszeit, Hauptgeschäftsführung, Großhandelsverband, Hauptgeschäftsführer, Hauptgeschäftsführer, Hauptgeschäftsführer, Mittelstandsvereinigung, *Geschäftführer – Geschäftsführer*, Mittelstandsverlag, Hauptgeschäftsführertätigkeit, Hauptgeschäftsführer, Altersversorgung, Versorgungsverband, Hauptgeschäftsführer, *Vorteilsannahme – Vorteilannahme*, Mitgliedsverbänden, Mitgliedsverbänden, Erinnerungswert, Vermögensverwaltung, Verkaufserlös, Alterssversicherung, Versorgungsverband, Versorgungsfall, Hauptgeschäftsführer, Verbandssicherungsstelle, Verbandstochter, Amtszeit, Hauptgeschäftsführer, Anwaltsbüro, Verbandspräsidium, Dienstleistungs-GmbH, Geschäftsführer, Kündigungsschreiben, Abteilungsleiter, Führungsstil, *Hauptgeschäftsführer – Hauptgeschäftführer*

*Abb. 6: Alle mit Fugen-s vorkommenden Wörter der Leseabschrift und des Tatschriftoriginals*

*Anmerkung: Die Reihenfolge der Beispiele ist dieselbe wie im Textdiskurs. Für die Beispiele gilt, daß sie in Leseabschrift (LA) und Tatschrift (TS) orthographisch identisch sind, es sei denn, sie sind kursiv gedruckt. Die kursiv wiedergegebenen Beispiele repräsentieren unterschiedliche Varianten desselben Wortes derselben Textstelle in LA und TS. Worttrennung am Zeilenende und die linguistische Analyse der Beispiele sind hier vernachlässigt. Eine detaillierte Kontrastierung dieser Art ist für die Ermittlung der Schreiburheberschaft natürlich für* jede *VS mit der TS durchzuführen.*

Das Faktum, daß die Leseabschrift diese Abweichung gegenüber der Tatschrift und diese zusätzlichen Fehler enthält, ist seinerseits nicht unwesentlich für die Kennzeichnung des Sprachgebrauchs von in foro Tätigen. Bei einer Leseabschrift für eine Gerichtsakte wird es sich wohl nicht um einen leichtfertigen, sorglosen und „ungenauen" Schreibgebrauch, sondern eher um ein akkurates und minutiöses Schreibverhalten handeln. Offensichtlich, dies scheint die nächstliegende Interpretation, ist Schreibern und Lesern des Deutschen (z.B. Sekretärinnen und auch den die Leseabschrift lesenden Juristen) die Setzung bzw. Nichtsetzung eines Fugen-s *nicht so wichtig.* Gerade deshalb kann (!) dieses Element von besonderem Interesse für die Frage der Schrifturheberschaft sein.

| **Bsp.** | **LA** | **TS** | **Norm** |
|---|---|---|---|
| (1) | Vorstandsmitglied | id. | id. |
| | Hauptgeschäftsführer (10x) | id. (10x) | id. |
| (2) | --- | --- | --- |
| (3) | --- | --- | --- |
| (4) | Vorteilsannahme | Vorteilannahme | Vorteilsannahme (jur.) |
| | Hauptgeschäftsführer | Hauptgeschäftführer | Hauptgeschäftsführer |
| (5) | Geschäftführer | Geschäftsführer | Geschäftsführer |
| (6) | --- | --- | --- |
| (7) | Vorteilannahme | Vorteilannahme | Vorteilsannahme |
| (8) | --- | --- | --- |

*Abb. 7: Verteilungsprofil für Wort-Beispiele zum Fugen-s als Entsprechungen in LA und TS*

In Abb. 7 wird ein genaueres Verteilungssprofil für die Beispiele mit bzw. ohne Fugen-s hinsichtlich ihrer Entsprechung in Leseabschrift (LA) und Tatschrift (TS) gegeben. Zu beachten ist dabei natürlich nicht nur, ob die Form der Leseabschrift der Form des Originals entspricht bzw. nicht entspricht, sondern zusätzlich die Frage, ob beide mit der Norm des heutigen deutschen Standardsprachgebrauchs und auch des juristischen Sprachgebrauchs, wenn es sich um juristische Termini handelt, konform sind, ob die Abweichungen orthographische bzw. morphologische „Fehler" gegenüber diesem Standard darstellen.

Abb. 8 verzeichnet die logisch möglichen Verteilungstypen des Fugen-s, was hier nicht weiter erläutert zu werden braucht. Für die Beschreibung und Erklärung scheinen insbesondere die folgenden Gesichtspunkte von Bedeutung zu sein: Von den in LA und TS abweichende Formen zeigenden Beispielen ist fraglos *Vorteilannahme* bzw. *Vorteilsannahme* das interessanteste Beispiel. Der juristische Terminus ist nach Ausweis des Creifelds ([11]1992, S. 190) *Vorteilsannahme.* Wie Abb. 7 zu entnehmen ist, findet sich sowohl eine „Verbesserung" in der Leseabschrift für *Vorteilannahme* in der Tatschrift, als auch die Beibehaltung von *Vorteilannahme* in der Leseabschrift (Verteilungstyp 7 in Abb. 7).

| Typ | Leseabschrift (LA) | Tatschrift (TS) | Normen des allg. Sprachgebrauchs (jurist. etc.) |
|---|---|---|---|
| (1) | s | s | s |
| (2) | s | s | Ø |
| (3) | s | Ø | Ø |
| (4) | s | Ø | s |
| (5) | Ø | s | s |
| (6) | Ø | s | Ø |
| (7) | Ø | Ø | s |
| (8) | Ø | Ø | Ø |

*Abb. 8: Fugen-s-Verteilungstypen (Ø = ohne Fugen-s, s = mit Fugen-s)*

Die Beschreibung und Erklärung der Verteilung ist deswegen besonders schwierig, weil „konträre" Verteilungstypen vorkommen: Das (korrekte) Wort *Geschäftsführer* der TS wird durch *Geschäftführer* in der LA ersetzt, das (unkorrekte) Wort *Hauptgeschäftführer* ohne s der Tatschrift wird durch das (korrekte) *Hauptgeschäftsführer* in der LA verbessert. Es kommen also beide „Wege" vor, die es verbieten, von einer Tendenz o.ä. für das Verhältnis der Leseabschrift zur Tatschrift zu sprechen. Das Verteilungsprofil selbst, wie etwa für das Wort *Hauptgeschäftsführer* und *Geschäftsführer* in Abb. 9 angegeben, und das Verteilungsprofil für *Vorteilsannahme*, wie in Abb. 10 für LA und TS angegeben, verbietet jede einfache Erklärung im Sinne von sprecher/schreiberspezifischem Schreibverhalten und jede darauf basierende generalisierende Interpretation.

| LA | TS |
|---|---|
| 8 x s | 8 x s |
| 1 x Ø | 1 x Ø |
| 1 x Geschäftführer | 1 x Hauptgeschäftführer |

*Abb. 9: Verteilungsprofil für ein Fugen-s-Wort: Hauptgeschäftsführer und Geschäftsführer*

| LA | TS |
|---|---|
| 1 x Ø | 2 x Ø |
| 1 x s | |

*Abb. 10: Verteilungsprofil für ein Fugen-s-Wort Vorteilsannahme*

In diesem Falle ist aus dem Vergleich von Tatschrift und Leseabschrift, aus der Gesamtverteilung des Fugen-s und auch der Inkonsistenz ein und desselben Schreibers (wenn man davon ausgeht, daß die Leseabschrift von einem Schreiber und die Tatschrift ebenfalls von einem und nicht mehreren Schreibern geschrieben ist) ein klares Ergebnis nicht entnehmbar: Die Leseabschrift schreibt *Alterversorgung*, offensichtlich ein Verstoß gegen Schreib- und Sprachusancen des heutigen Deutschen, wenige Zeilen auf der gleichen Seite weiter unten korrekt *Altersversicherung*.

Der Gesamtbefund der orthographischen Daten des Vorkommens des Fugen-s ist in dem geschilderten Beispiel dabei noch weit einfacher als in der üblichen durch den forensischen Linguisten zu begutachtenden Datenkonstellation, in der Ähnlichkeiten bzw. Divergenzen von Tatschrift und Vergleichsschriften zu bewerten sind. Die Leseabschrift ist offenkundig als Kopie der Tatschrift gedacht – und weist gleichwohl diese Abweichungen von der Vorlage und diese Fehler gemessen am sprachlichen Standard auf. Ohne weitere Illustration ist einsichtig, daß die „real-life"-Konstellationen von TS und VS in der Regel erheblich komplexer sind.

Auch dies ist noch keineswegs der gesamte Umfang des Problems. Es sieht hier zunächst so aus, als wenn es sich allein um *orthographische*

Varianten der Schreibung bzw. Nichtschreibung eines Fugen-s handelt, wobei der „sprachliche Sachverhalt", ob ein Fugen-s morphologisch dem Standard der deutschen Grammatik entsprechend vorliegt oder nicht, klar wäre. Dies ist jedoch keineswegs der Fall bzw. kann nicht einfach für alle Beispiele angenommen werden. Im folgenden möchte ich zunächst die grammatische Problematik der Verteilung, also des Vorkommens bzw. Nichtvorkommens des Fugen-s, kurz darstellen und sodann einige weitere Gesichtspunkte der soziolinguistisch zu beschreibenden Variation nennen. Wie ist das Vorkommen des Fugen-s grammatisch zu beschreiben? Wann tritt es im Deutschen auf, wann tritt es nicht auf?

Das Fugen-s ist ein an der Verbindungsstelle zwischen Konstituenten eines Kompositum auftretendes Element (wie auch andere Fugen-Elemente, wie *-es-*, *-er-*, *-en-* usw.). Man kann hinsichtlich der Vorkommensverteilung (zumindest) die folgenden vier Klassen unterscheiden:

1. Es gibt eine Klasse von Komposita (mit lexikalisch identischer erster Konstituente), in denen das Fugen-s *komplementär (asymmetrisch) verteilt* ist, d.h. bei einem Grundwort vorkommt, bei einem anderen Grundwort nicht vorkommt: *Rindfleisch* vs. *Rindsleder*, *Schiffbruch* vs. *Schiffsrumpf*, *hilflos* vs. *hilfsbedürftig*.
   Die Form *hilflos* wird als „Ausnahme", *hilfsbedürftig* als der „reguläre" Typ dieses Bespiels bezeichnet (vgl. Fleischer 1976), weil die Produktivität der Form mit *hilfs-* erheblich größer ist. In dieser Klasse sind also die Formen *ohne* Fugen-s eindeutig als solche festgelegt, wie andererseits auch die Formen *mit* Fugen-s. Gebraucht man die Formen jeweils umgekehrt zu den genannten, entstehen „ungrammatische" Bildungen.
2. Es gibt eine zweite Klasse von Komposita mit identischer erster und zweiter Konstituente, die man als *echte Doubletten* beschreiben kann. Hier ist der Gebrauch des Fugen-s oder dessen Fehlen gleichsam in das Belieben des einzelnen Sprachbenutzers gestellt, und es sieht so aus, als hätten verschiedene Sprecher tatsächlich verschiedene Vorlieben für [+ Fugen-s] bzw. [- Fugen-s]-Formen, wobei jedoch, wie die obige Tatschrift und ihre Leseabschrift bereits zeigen, Inkonsistenz vermutlich das üblichste Bild ist. Beispiele sind (vgl. Holst 1978, 11 f. und Fleischer 1976, 124 f.): *Fabrikgelände* / *Fabriksgelände*, *Geduldfaden* / *Geduldsfaden*, *Schadenersatz* / *Schadensersatz*

Für das letzte Beispiel haben verschiedene Juristen bekanntlich sehr verschiedene Usancen und auch unterschiedliche Auffassungen. Es gibt nicht nur Zweier-, sondern auch Dreierdoubletten, wie etwa das Beispiel *Fünfjahrplan – Fünfjahreplan – Fünfjahresplan* zeigt, wobei alle drei Formen in der damaligen DDR vorkamen (die Komposita sind natürlich morphologisch und semantisch unterschiedlich zu beurteilen). Der Vollständigkeit halber sei erwähnt, daß die Frage der etymologischen Entwicklung bzw. Erklärung des Auftretens des Fugen-s für die Beurteilung des synchronen Sprachzustandes *nicht* weiterhilft. Synchron, d. h. für das System des heutigen Deutsch etwa, ist keineswegs davon auszugehen, daß es sich bei dem -s um ein altes Genitivmorphem handelt, wie man Beispielen wie *Liebeskummer* (wo der reguläre Genitiv nicht mit -s gebildet wird) und *Zwillingspaar* (in dem nicht ein, sondern zwei Zwillinge gemeint sind) entnehmen kann.

3. In einer dritten Klasse sind Fälle zu notieren, in denen die erste Konstituente des Kompositums als eine Ableitung auf *-heit*, *-ung* usw. endet und damit, wie es scheint, auf Vorkommen eines Fugen-s festgelegt ist und dessen Fehlen ausschließt. Hierher gehören Beispiele wie (vgl. Holst 1978, S. 12): *Freiheitskampf, Menschheitstraum, Lösungsmittel.*

   Nach Fleischer 1976, 123 ff. könnte man hier eine Klasse mit „Tendenzen“ für die Bevorzugung bzw. Meidung des Fugen-s anschließen: Neben Komposita mit Ableitungen auf *-heit*, *-tum*, *-ung*, *-ion* usw. als erstem Glied sollen auch Beispiele, in denen die erste Konstituente eine Zusammensetzung ist oder ein Präfix enthält, Fugen-s bevorzugen, so daß sich eine Verteilungsstruktur *Werkmeister* gegenüber *Handwerksmeister*, *Triebkraft* gegenüber *Antriebskraft* ergibt.

   Ob allerdings diese „Tendenz“ darüberhinaus auch im Sinne einer semantischen Differenzierung verallgemeinerbar ist, scheint mir eher fraglich, zumindest bei Beispielen wie *Verbandkasten*, *Verbandpäckchen*, *Verbandutensilien* (für den Sachbereich Wundbehandlung nach Fleischer a.a.O. kein Fugen-s) gegenüber *Verbandsbeitrag*, *Verbandskasse*, *Verbandsvorsitzender* (Sachbereich Vereinswesen mit Fugen-s). Es ist nicht auszuschließen, daß verschiedene Sprecher sich ein

System zurechtlegen, in dem sie verschiedene semantisch definierte Wortgruppen durch Verwendung des Fugen-s oder dessen Vermeidung unterscheiden. Gleichwohl entspricht die von Fleischer genannte Verteilung in diesem Beispiel nicht meinem eigenen Idiolekt: Ich gebrauche *Verbandskasten*, *Verbandspäckchen*, *Verbandsutensilien* völlig unbegrenzt mit Fugen-s wie *Verbandsbeitrag*, *Verbandskasse*, *Verbandsvorsitzender*, etliche mir bekannte Sprecher tun Ähnliches.

4. Eine vierte Klasse von Beispielen beinhaltet Formen mit bzw. ohne Fugen-s, wobei dadurch semantisch-lexikalische Unterschiede signalisiert werden, wie etwa bei *Schiffahrt* („Seefahrt") gegenüber *Schiffsfahrt* („Törn"), vgl. Abb. 11 (mit Beispielen aus Fleischer 1976, 127):

| |
|---|
| *Landmann vs. Landsmann,*<br>*Verbandkasten, -päckchen, -utensilien (= „Wundbehandlung") vs. Verbandsbeitrag, -kasse, -vorsitzender (= „Verein"),*<br>*Schiffsfahrt ("Törn") vs. Schiffahrt („Seefahrt")* |

*Abb. 11: Formen mit und ohne Fugen-s mit semantischer Differenzierung*

Daß es Unterschiede des Fugen-s-Gebrauchs in der Sprachgeschichte gibt, sei nur durch die bei Fleischer (1976, 125) gegebenen Beispiele Leibniz' und Lessings (mit Fugen-s, wo im heutigen Deutsch kein Fugen-s üblich ist) illustriert: *Sprachs-Verbesserer, Vernunftswahrheiten, Übernatursgröße.* Auch dies ist noch nicht die volle sprachliche Wahrheit: Zu den sprachsystematisch-grammatischen Regularitäten kommen Variationsmöglichkeiten im Sinne „soziolinguistischer" Parameter (sozialer, geographischer, stilistischer u.a. Art) hinzu.

In Abb. 12 wird die Verteilung des Vorkommens von Fugen-s bzw. Fehlen des Fugen-s in den deutschsprachigen Ländern Deutschland, Schweiz und Österreich in gleichen Wörtern untersucht. So sicher wie dem Standard des Bundesdeutschen der Ausdruck *Zugführer* entspricht, so sicher ist für dieses Wort im österreichischen Deutschen die Form *Zugsführer* reserviert. Der bundesdeutschen Form *Auslandsmission* entspricht in der Schweiz der Standard *Auslandmission* usw.

| Schweiz | Deutschland | Österreich |
|---|---|---|
| | Zugführer | Zugsführer |
| | Gepäckaufgabe | Gepäcksaufgabe |
| | Gesangverein | Gesangsverein |
| | Fabrikmarke | Fabriksmarke |
| | Fabrikhalle | Fabrikshalle |
| Auslandmission | Auslandsmission | |
| Beileidtelegramm | Beileidstelegramm | |
| Sportsmeldung | Sportmeldung | |
| Zugsverbindung | Zugverbindung | |
| Sportsfreund | Sportsfreund | |

*Abb. 12: Abweichende Fugen-s-Norm in drei deutschsprachigen Ländern*

Diese Schilderung der sprachlich-systematischen Seite ist, wie schon gesagt, unvollständig und stark vereinfacht. Sie illustriert, wie ich glaube, jedoch die grundsätzliche Problematik, die man bei der Bewertung eines orthographischen oder eines primär orthographisch scheinenden Befundes zu gewärtigen hat. Notwendig ist eine umfassende strukturelle Analyse in jedem einzelnen Fall, ob eine morphologische Begründung für die orthographische Oberflächenvariation möglich ist.

## 4. Fazit

Orthographische Produkte sind gleichsam als „Spitzen von Eisbergen" zu betrachten: Sie sind äußerst heterogene und polyvalente Gebilde. Schon deshalb, also unabhängig von einer forensischen Argumentation, bedürfen sie einer gründlichen systematisch-linguistischen Analyse, um in ihrer Wertigkeit disambiguiert und in ihrer Aussage als forensisch-linguistische Merkmale adäquat beobachtet, beschrieben und erklärt zu werden. Eine genaue linguistische Analyse der grammatischen Verhältnisse, die die Orthographie wiedergibt, ist in jedem Fall erforderlich. Sie gibt die Folie ab, auf der die Orthographie-Befunde zu beschreiben und zu interpretieren sind.

Der vorliegende Beitrag hofft exemplarisch einen Eindruck davon zu vermitteln, was bei der Untersuchung von Orthographiedaten alles beachtet werden muß. Phänomene wie Normenvielfalt, Normenvarianz und -instabilität bei individuellen Sprechern/Schreibern wird man als Normalfall des

Schreibverhaltens ansehen müssen. Dies besagt, daß die Analyse komplex und aufwendig sein muß, aber nicht, daß sie unergiebig oder aussichtslos sein müßte (so als ob es in diesem Bereich gleichsam nur chaotisches Durcheinander und keine sinnvollen Aussagemöglichkeiten gebe). Bei der linguistischen Analyse ergeben sich häufig interessante Gesichtspunkte für die Bewertung der Merkmale im Sinne der forensisch-linguistischen Aufgabenstellung, z.B. bei stilistischen oder regionalen Aspekten der untersuchten sprachlichen Formen. Die forensisch-linguistische Auswertung ist jedoch ein eigenständiger Analyseschritt, der auf der systematischen Analyse basiert.

Die systematisch-linguistische Analyse macht deutlich, daß Fehler nicht gleich Fehler ist. Sie zeigt auch, *wie* die Wertigkeit solcher Fehler (bzw. Varianten) ermittelt werden kann. Erst im Anschluß an die systematische linguistische Untersuchung ist eine weitergehende Bearbeitung, Ausdeutung und Auswertung der orthographischen Daten im Rahmen forensischer Fragestellungen möglich und sinnvoll, in die interdisziplinäre Gesichtspunkte, Maximen und Daten mit aufzunehmen sind.

## Literatur

Bechert, Johannes/ Clément, Danièle/ Thümmel, Wolf/ Wagner, Karl Heinz (1970): Einführung in die generative Transformationsgrammatik. München: Hueber (Linguistische Reihe 2)

Brückner, Tobias (1990): Verrät der Text den Verfasser? In: Kriminalistik 1/1990, S. 13-38

Corder, S. Pit (1973): Introducing Applied Linguistics. Harmondsworth: Penguin Books

Creifelds, Carl ([11]1992): Rechtswörterbuch. Hgg. von Hans Kauffmann. München: C.H. Beck

DUDEN Rechtschreibung (1986). Mannheim: Duden Verlag

Fleischer, Wolfgang (1976): Wortbildung der deutschen Gegenwartssprache. Tübingen: Niemeyer (=Lizenzausgabe der 4. Aufl., Leipzig 1975)

Hecker,M./Leder, M.P. (Hg. 1993): Tagungsband 1. Kongreß der Gesellschaft für Forensische Schriftuntersuchung (GFS) e.V. Humboldt-Universität, Berlin, 30.März - 2.April 1993, Wiesbaden (ISSN 0945-4314)

Holst, Friedrich (1978): Morphologie. Einführungspapier mit Arbeitsaufgaben. KLAGE (Kölner Linguistische Arbeiten Germanistik) Nr. 2, verteilt durch: L.A.U.T. (Linguistic Agency University of Trier), Trier

Kniffka, Hannes (1981): Der Linguist als Gutachter bei Gericht. In: Peuser, G./ Winter S. (Hg. 1981): Angewandte Sprachwissenschaft. Festschrift für Günther Kandler. Bonn: Bouvier, S. 584-634

Kniffka, Hannes (1990): Autorschaftsausschluß. Ein ‚liquet' und ein ‚non-liquet'. In: Kniffka, H. (Hg. 1990): Texte zu Theorie und Praxis forensischer Linguistik. Tübingen: Niemeyer (Linguistische Arbeiten 249), S. 437-456

Kniffka, Hannes (1991): Schibboleths. Philologische Bestandsaufnahme und Gesichtspunkte zur ihrer soziolinguistischen Analyse. In: Deutsche Sprache Heft 2, 1991, S. 159-177

Kniffka, Hannes (1992a): Sprachwissenschaftliche Hilfe bei der Täterermittlung. In: Grewendorf, G. (Hg. 1992): Rechtskultur als Sprachkultur. Zur forensischen Funktion der Sprachanalyse. Frankfurt: Suhrkamp, S. 157-193

Kniffka, Hannes (1992b): Arbeitskreis: Forensic Linguistics. In: GAL-Bulletin 17/1992

Kniffka, Hannes (1993a): Forensische Linguistik im Rahmen der Nachbarwissenschaften: Fragen der Ethik und der Interdisziplinarität. In: Kriminalistik und forensische Wissenschaften, Heft 81/1993

Kniffka, Hannes (1993b): The Expert and the Non-Expert in Court Proceedings. „La Serva Padrona"-Phenomena and other Mis-Communications in Forensic Interaction. In: Kriminalistik und forensische Wissenschaften, Heft 82/1993

Kniffka, Hannes (1993c): Gutachten über ein Fehlgutachten. In: Kriminalistik und forensische Wissenschaften, Heft 82/1993

Labov, William (1970): The Study of Language in its Social Context. In: Studium Generale 23(1), S. 30-87

Nickel, Gerhard (1992): Rezension von Kniffka, Hannes (Hg. 1990): Texte zu Theorie und Praxis forensischer Linguistik (Tübingen: Niemeyer). In: IRAL XXX/4, Nov. 1992, S. 356-358

Hannes Kniffka

# Texturheber- und Schreiburheberschaftsanalyse[1]

## Eigengesetzlichkeit und diagnostisches Potenzial orthographischer Daten im Rahmen einer forensisch-linguistischen Analyse[2]

## Abstract

Dieser Beitrag behandelt die intrinsische Struktur und das „diagnostische Potential" orthographischer Daten in der forensisch-linguistischen Analyse anonymer oder strittiger Autorschaft. Im Zentrum stehen „Merkmal-Konfigurationen" allgemeinerer Art zwischen verschiedenen Ebenen und Arten sprachlicher Repräsentation, erstellt auf der Basis faktischer Daten forensischer Fälle. Es wird gezeigt, dass orthographische Daten zwar nie allein hinreichende Evidenz bieten können, aber „indirekt" relevant und eine Datenquelle sind, die nicht vernachlässigt werden darf.

## 0. Einleitung

Dieser Aufsatz will (im Rahmen der Aufgabenstellung des vorliegenden Bandes) die Rolle der Schrift, die Aussagekraft und argumentative Funktion *schriftsprachlicher*, vor allem orthographischer Daten für die Analyse anonymer oder strittiger Autor- oder Texturheberschaft (fortan AAA) im Rahmen der forensischen Linguistik datenorientiert näher beleuchten. Einige allgemeine und theoretische Fragen sind in Kniffka „Zur Wertigkeit und zum Erklärungspotential orthographischer Varianten" (in diesem Band) diskutiert und werden daher hier vorausgesetzt. Einige grundsätzliche Erläuterungen zur Fragestellung und Methodologie der forensisch-linguistischen Analyse anonymer *Autor*schaft sind u.a. in Kniffka 1981; 1989;

---

1 Dem Andenken meines Kollegen und Freundes Lothar Michel, Nestor der gerichtlichen Schriftvergleichung in Deutschland, gewidmet.

2 H. Michel sowie J. Clasen, A. Danyel, T.Hargarten und J. Walburg danke ich für ihre Hilfe bei der Erstellung des Druckmanuskripts. Alle Fehler sind meine eigenen.

1990a; 1990b; 1992; sowie, aus neuerer Zeit, in Kniffka 2000a; 2000b; 2001 diskutiert. Ein genaueres Eingehen auf grundsätzliche Fragen ist hier aus Gründen des zur Verfügung stehenden Raumes nicht möglich. Der Bereich handschriftlichen Verhaltens als solcher ist Gegenstand des etablierten forensischen Teilfachs „gerichtliche Schriftvergleichung" (vgl. M. Hecker in diesem Band), nicht der forensischen Linguistik.

Ich werde mich hier auf eine exemplarische Behandlung der im Untertitel genannten Begriffsbereiche beschränken, basierend auf und orientiert an einer langjährigen Praxis als forensisch-linguistischer Gutachter. Notgedrungen werden also im Folgenden diverse theoretische Implikationen des Themas zu kurz oder überhaupt nicht behandelt. Viele wichtige Fragen, die mit dem Bereich „Schriftlichkeit" einhergehen, bleiben hier unberücksichtigt.

Ausdrücklich erwähnt sei, dass alle zitierten und diskutierten Daten aus authentischen „Tatschriften" (fortan TS) und „Vergleichsschriften" (fortan VS) aus forensischen „Fällen" stammen. Zu erwähnen ist auch, dass ein genaueres (oder gar vollständiges) Zitieren der jeweiligen Textpassagen einer TS oder VS aus Gründen der Diskretion hier nicht möglich und für die vorliegende Argumentation auch nicht nötig ist. Forensische Linguisten und die Leser ihrer Aufsätze werden sich mit der wohl unvermeidbaren Restriktion anfreunden müssen, dass im Regelfall nicht alle verfügbaren textuellen Daten von TS und VS publiziert werden können – nicht einmal in einem Aufsatz in einer wissenschaftlichen Zeitschrift. Diejenigen, die ein Gutachten zur Klärung der Autorschaft eines anonymen Erpresser-, Droh- oder Verleumdungsbriefes in Auftrag geben, sind, gemeinhin, gerade daran interessiert, dass ein weiteres Schreiben bzw. eine weitere Publikation der Inhalte *nicht* erfolgt. So wünschenswert eine Dokumentation vollständiger Texte und größerer Datenmengen aus TS und VS linguistisch grundsätzlich ist, so selten ist dies (von den Beteiligten aus) erlaubt und erwünscht.

Ich werde vorab einige Begriffsklärungen und Erläuterungen zur Natur schriftlich vorliegender „gefrorener" Daten sprachlichen Verhaltens geben (1.1). Besonders erläuterungsbedürftig ist das Verhältnis von Texturheberschaft (Autor-/Verfasserschaft) und Schreiburheberschaft („Tipperschaft") eines Textes. Das Verhältnis ist im realen Leben erheblich komplexer und vielschichtiger, was etwa die „Modi" und Zeitkonstellationen des Produktionsprozesses angeht, und auch verschwommener und verworrener, als Laien (inklusive Linguisten) sich gemeinhin vorstellen (1.2). In Kapitel 2 sollen in authentischen Tat- und Vergleichsschriften festgestellte Daten schriftsprachlichen, vor allem, orthographischen Verhaltens diskutiert, problematisiert und operationalisiert werden, um die vielfältigen methodologischen Facetten und Kautelen der Analyse dieser Daten in der forensisch-linguistischen Analyse anonymer oder strittiger Autor- oder Texturheberschaft zu verdeutlichen.

In Kapitel 3 steht auf dieser Basis eine exemplarische Klärung der Fragen im Focus: Welcher argumentative Stellenwert kommt der Analyse von Daten orthographischen Verhaltens (überhaupt) zu? Welche methodologischen Einsichten sind aus der Analyse von orthographischen Daten in Tat- und Vergleichsschriften zu gewinnen? Welche Generalisierungen über ein Kontinuum des „diagnostischen Potentials" sind möglich? Zugleich sollen einige wesentliche Ergebnisse zusammengefasst und ein Ausblick auf künftige Aufgaben der Forschung gegeben werden.

# 1. Daten orthographischen Verhaltens und Autorschaftsanalyse

## 1.1. Einige Begriffsklärungen und Kautelen

Vereinfacht kann man sagen, dass *phonetische* sprecherspezifische Daten als „ikonisch", sprecherspezifische Daten *sprachlichen* Verhaltens allgemein als „symbolisch" und für letzteres relevante sprecherspezifische Daten *orthographischen* Verhaltens als „indirekt symbolisch" zu bezeichnen sind. Eine vereinfachte Übersicht ist in Tab. 1 gegeben:

**Tab.1: Datenbereiche forensischer Textanalyse**

| | |
|---|---|
| phonetische Daten sprecherspezifischen Verhaltens | ikonisch |
| sprachliche Daten sprecherspezifischen Verhaltens | symbolisch |
| orthographische Daten sprecherspezifischen Verhaltens | indirekt symbolisch |

Hinsichtlich des argumentativen Status, der Stringenz und der potentiellen „Beweiskraft" dieser drei Datenklassen ist schon von dieser Unterscheidung her eine beträchtliche Verschiedenheit anzunehmen.

Diese Unterschiede besagen *nicht*, dass allein phonetische sprecherspezifische Daten valide und reliabel sind, „sprachliche“ und orthographische sprecher- bzw. schreiberspezifische Daten dies grundsätzlich nicht sind. Sie besagen schon gar nicht, dass, wie man gelegentlich lesen kann, orthographische Daten für die Beschreibung und Erklärung sprecherspezifischen sprachlichen Verhaltens grundsätzlich irrelevant seien. Solche Generalisierungen sind Unfug und allein schon durch die forensisch-linguistische Praxis der Autorschaftsanalyse widerlegt. Im Folgenden wird gezeigt, dass Aussagen darüber weit größerer Differenzierung und Problematisierung bedürfen. Es wird darüber hinaus gezeigt, dass orthographische Daten von großer Wichtigkeit für die forensisch-linguistische Analyse anonymer Autorschaft besonders dann sein können, wenn man umfassendere „Merkmalbündel“ orthographischen Verhaltens berücksichtigt und, noch mehr, wenn diese im Verein mit „Merkmalbündeln“ sprachlichen Verhaltens als globalere „Merkmalkonfigurationen“ analysiert werden (zur Terminologie vgl. Kap. 2).

Neben der beinahe trivialen klassenhaften Unterschiedlichkeit, dass phonetische Daten empirisch „härter“ als sprachliche (grammatische, semantische), sprachliche Daten empirisch „härter“ als orthographische (als deskriptive und explanatorische Potentiale der Autorschaftsanalyse) sind, bleibt als allgemeine Folgerung für orthographische Daten vor allem dies festzuhalten: Es ist ungemein große Vorsicht bei der Analyse orthographischer Daten innerhalb einer forensisch-linguistischen Autorschaftsanalyse geboten. Orthographischen Daten in oder von Textprodukten ist grundsätzlich nur *indirekte* Evidenz zuzuerkennen. Es handelt sich immer und nur um konkomitante und ggf. „supportive“ Evidenz zu Daten sprachlichen und textuellen Verhaltens. Dass orthographische Daten immer nur indirekte Evidenz für bzw. im Verein mit sprachlichen Daten haben, resultiert vor allem aus der trivialen, in Kapitel 1.2 erörterten Tatsache, dass der Schreiburheber und der Texturheber eines Textes verschieden sein können. Linguisten sind weniger am „Tipper“ eines Textes als am Autor, „Formulierer“ eines Textes interessiert. Sie müssen sich aber, in jedem Falle, mit der Übereinstimmung bzw. Nicht-Übereinstimmung beider befassen. Auch wenn man sagen kann, der (mechanische) Schreibvorgang, die Schreibproduktion eines Textes ist nicht eigentlich Gegenstand der linguistischen Analyse (im Rahmen einer AAA), muss die linguistische Analyse jedoch den Tipper eines Textes als Faktor in Rechnung stellen und die linguistische Analyse grundsätzlich kompatibel zu einer durch andere Wissenschaften zu leistenden Analyse speziell der Schreibproduktion gehalten sein – etwa der gerichtlichen Schriftvergleichung, der Schreibmaschinenschrift- und Schreibmaschinenanalyse, für die es jeweils eigene Gutachter gibt. Viele überzeugende Anhaltspunkte sind dafür gegeben, dass gerade das gute Aufeinander-Abgestimmt-Sein der Analysen der diversen Teilfächer häufig von großer Bedeutung für die erfolgreiche Analyse eines Falls ist.

Grundsätzlich scheinen für die Bedeutung orthographischer Daten in der AAA die folgenden Generalisierungen möglich:

- Orthographische Daten sind niemals direkt aussagekräftig für die Autorschaft eines Textes.
- Orthographische Daten – präziser müsste man sagen: die mannigfaltigen Daten schriftsprachlichen Verhaltens (vgl. u.) – sind insgesamt immer nur indirekt von Belang für die forensisch-linguistische AAA.
- Daten schriftsprachlichen Verhaltens sind jedoch ipso facto mit als Gegenstand der forensisch-linguistischen AAA zu konzipieren, da die zu berücksichtigenden Textdaten (von TS und VS) als schriftlich fixierte, „gefrorene“ Daten vorliegen, wenn sie Gegenstand der forensisch-linguistischen Analyse sind.
- Daten schriftsprachlichen Verhaltens sind überdies heterogen und außerordentlich komplex.

Daten schriftsprachlichen Verhaltens reichen von *materialiter* hochgradig idiosynkratischen Schreibgewohnheiten („Marotten“) eines Individuums über internalisierte Schreibroutinen einer Gruppe über etablierte Schreibgewohnheiten einer Generation über die z.B. durch eine Rechtschreibreform konstituierte(n) Schreibarten von/in (einer) bestimmten Zeitepoche(n) bis hin zu sogenannten „Schreibvorlagen“ einer bestimmten Kultur bzw. „Schulvorlagen“ einer bestimmten Schreibschulung und -ausbildung im Schulunterricht und anderen kulturspezifisch etablierten kollektiven Schreibverhaltensweisen dafür, wie bestimmte Texte und Textsorten in der Regel schriftlich gestaltet werden. Dabei ist nicht von einer einlinigen Abfolge innerhalb *eines* Kontinuums, sondern von mannigfaltigen Überlagerungen und Überlappungen mehrerer Kontinua auszugehen.

Wenn es zutrifft, dass schriftlich vorliegende textuelle Daten nie unmittelbar aussagekräftig für die Texturheberschaft sind, dass also, vereinfacht, Daten orthographischen Verhaltens niemals eine direkte Spur zur Texturheberschaft und zum Texturheber/-autor, sondern allenfalls zum Textschreiber oder -tipper enthalten, sind damit diverse ermittlungstechnische und -taktische Kautelen vorprogrammiert. Dies kann deshalb nicht stark genug betont werden, weil man intuitiv bei einer relativ großen Menge an Übereinstimmungen, etwa zwischen TS und VS, häufig zu vorschnellen Schlüssen auf die Autorschaft, ja auf die Person des Autors geneigt ist. Ein direkter Schluss ausgehend von einer einzigen Tatschrift, oder einem begrenzten Korpus von Tatschriften, auf die Gesamtpersönlichkeit eines Anonymus ist grundsätzlich ein forensisch-linguistischer Kunstfehler. Ein Kunstfehler noch höherer Potenz wäre ein solcher Schluss auf der Basis allein von orthographischen Daten. Das bedeutet: Wenn sich große oder geradezu totale Übereinstimmung des Schreibverhaltens zwischen TS und VS feststellen lässt, sagt dies letztlich nichts über die Autorschaft aus. Übereinstimmung von schriftlichem Verhalten (in den TS und den VS) besagt lediglich, dass für die *Schreib*urheberschaft der TS und der VS eine (partielle) Identität anzunehmen ist. Schreiber muss aber nicht gleich Autor sein.

Eine grundsätzliche Indikation, mit Daten schriftlichen Verhaltens extrem vorsichtig zu sein, ergibt sich in der Praxis der forensisch-linguistischen Analyse auch schon daraus, dass die meisten äußeren Daten des Schreib- und Produktionsvorgangs eines Textes dem Gutachter in der Regel nicht überprüfbar sind, sondern in dem Ausmaße und in der Form vom Gutachter als gegeben und authentisch angenommen werden müssen, wie die Daten vom Auftraggeber übermittelt werden.

Ob und welche in den Texten selbst enthaltenen Hinweise, wie Diktatzeichen u.ä., von Belang sind, kann der Gutachter in der Regel nicht überprüfen. Ebenso wenig, ob diese gefälscht, stichhaltig usw. sind. Das Reservoir an möglichen Fehlinformationen, unauthentischen Daten, Verzerrungsfaktoren ist geradezu unbegrenzt: Jedem erfahrenen Gutachter sind sogenannte „authentische“ Tatschriften bekannt, in denen sich schriftliche Hinterlassenschaften der Auftraggeber, der Ermittlungsbehörden, ggf. der Vorgutachter und aller möglichen sonstigen Personen finden.

Gelegentlich ist überhaupt nicht (mehr) exakt auszumachen, wie denn die authentische Tatschrift wirklich aussah. Fehler kommen auch durch Instanzen hinein, die in der Regel über Produktion von Fehlern erhaben sein müssten, wie etwa offizielle gerichtliche Niederschriften einer schwer lesbaren Tatschrift, sog. „Leseabschriften", gefertigt vom Gericht oder von den Parteien. Alle genannten Faktoren generieren potentiell Nicht-Validität von Daten und Artefakte.

Am Ende dieser langen und nicht gerade ermutigenden Liste der intrinsischen Probleme schriftsprachlicher und orthographischer Daten in der AAA bleibt jedoch festzustellen: Allein in der Tatsache, dass Daten orthographischen Verhaltens und Daten sprachlichen Verhaltens nicht notwendig abhängig voneinander, sondern prinzipiell unabhängig voneinander variieren, liegt eine mögliche Erkenntnisquelle für die Beurteilung anonymer Texte, die in ihrer Wichtigkeit überhaupt nicht zu überschätzen ist. Auch die schon angedeutete Heterogenität und Komplexität von Formen und Dimensionen schriftsprachlichen Verhaltens kann (!) unter Umständen eine wesentliche Erkenntnisquelle für das forensisch-linguistische Analyseinteresse einer AAA und damit für die kriminalistische Ermittlung sein (vgl. u.).

## 1.2. Text- und Schreiburheberschaft anonymer Texte

Die Aufgabenstellung einer AAA ist in der Regel wie folgt: Es ist eine genaue systematische Analyse der Daten des sprachlichen und orthographischen Verhaltens der TS und der VS zu leisten. Dabei stehen Fehler, Abweichungen, Auffälligkeiten, individuelle und ggf. idiosynkratische Verhaltensweisen, Marotten u.ä. im Vordergrund. Grundsätzlich sind natürlich auch alle ‚Nicht-Fehler' in Rechnung zu stellen: Auch das, was jemand *nicht* ‚falsch macht' – und übereinstimmend in zwei zu vergleichenden Textklassen nicht falsch macht –, kann von großem analytischen Aussagewert sein.

Ein textueller Vergleich ist nur unter Berücksichtigung der grundsätzlichen textsortenspezifischen Variation der Texte sinnvoll möglich. Man würde sonst als ggf. autorspezifische bzw. schreiberspezifische Varianten deklarieren, was in Wirklichkeit textsortenspezifischen Unterschieden zu verdanken ist, und Artefakte generieren. M.a.W., jeder erwachsene Sprecher/Schreiber des Deutschen schreibt und formuliert einen Kondolenzbrief anders als z.B. ein Bewerbungsschreiben. Dies gilt analog sowohl für die Unterschiedlichkeit anonymer und nicht-anonymer Schreiben (und die ihnen zukommenden kontextuellen Charakteristika) wie auch für die einzelnen „Unterklassen" anonymer Schreiben in einem juristisch und forensisch-linguistisch relevanten Kontext.

Was für die anonyme *Autor*schaft als den eigentlichen Gegenstand der Analyse gilt, ist prinzipiell auch für die *Schreiburheber*schaft von Texten in Rechnung zu stellen: Eine der wichtigsten (Vor-)Fragen einer forensisch-linguistischen Autorschaftsanalyse ist bekanntlich: Sind *Autor* (Texturheber, Verfasser) und *Schreiber* (Schrifturheber, Tipper) einer TS identisch oder verschieden? Auftraggeber von Gutachten zur Autorschaftsanalyse nehmen in der Regel wie selbstverständlich an, dass (1) Autor und Schreiber (Tipper) einer anonymen Tatschrift ein und dieselbe Person sind und (2) nur je *ein* Autor und *ein* Schreiber eines Textes existieren. Die Wirklichkeit sieht, zumeist, völlig anders aus. Es gibt eine Vielzahl von graduell verschiedenen möglichen Konstellationen für die Autor- und Schreiburheberschaft einer anonymen Tatschrift, die am besten als ein komplexes *Kontinuum* vorstellbar sind. Von einer simplen 1:1-Zuordnung mit Autor- und Schreiberidentität in der Einzahl für ein und dieselbe Form eines gesamten Texts auf der einen Seite bis zu einem komplexen Arrangement diverser (auch heterogener) Autorschaften und Mitautorschaften zusammen mit diversen Schreibern für einen Text, für verschiedene Abschnitte, verschiedene „Editionen" (mit oder ohne Wechsel des Mediums) eines Texts usw. auf der anderen Seite. Von „Spezialformen", wie Diktat eines Texts, erzwungenes Diktat, multiple Autor- und Schreiburheberschaft mit freier bzw. erzwungener Rollenverteilung, wechselnde Autor- und Schreiburheberschaft in ein und demselben Text, „Verstellung" einer Autorschaft und/oder Schreiburheberschaft u.a. abgesehen. Die Erfahrung lehrt, dass von 100 anonymen TS im Hinblick auf die Gesamtheit der beteiligten textuellen Komponentenkonstellationen nicht zwei völlig identisch sind. Auf Probleme der Text- und Schreiburheberschaftsbestimmung der VS ist oben allgemein bereits hingewiesen. In der Praxis hat man in rigoroser Akribie jede einzelne dieser Fragen zu überprüfen – unabhängig vom Wortlaut des Gutachtenauftrags und der Datenlage: Ist ein alleiniger oder sind mehrere Autoren, ist ein alleiniger oder sind mehrere Tipper für (ganze) Texte oder

Textteile anzunehmen? Welche Spielart (Konfiguration) partieller Autoridentität, Tipperidentität und Autor- und Tipperidentität für die TS und für die VS liegt vor? Nichtüberprüfung dieser Fragen wäre ein Kunstfehler.

## 2. Status und Repertoires von Daten schriftsprachlichen Verhaltens in der AAA

Die oben genannte Komplexität, Polyvalenz und Heterogenität von Daten schriftsprachlichen Verhaltens soll im Folgenden genauer beschrieben werden. In Kapitel 2.1 werden einige allgemeine(re) Charakteristika genannt. In Kapitel 2.2 wird eine Einordnung und eine heuristische Taxonomie einiger Daten schriftsprachlichen, insbesondere orthographischen Verhaltens gegeben, die sich in Gutachten zur AAA als relevant und „ergiebig" herausgestellt haben.

*Anmerkungen zur Schreibweise und Datenrepräsentation:*

Originaldaten des Textes von Tatschriften (TS) und Vergleichsschriften (VS) und andere Beispiele werden durch *kursive Schrift* wiedergegeben. Im Text vorkommende (grammatische und/oder orthographische) Abweichungen werden *vor,* die entsprechenden intendierten („korrekten") Formen des Deutschen *nach* einem *Schrägstrich (.../...)* notiert.

Beispiel: *ihr Firma/ihre Firma* bzw. *Ihre Firma*. Mehrere zitierte Beispiele werden durch ‚;' getrennt.

### 2.1. Forensisch-linguistisch relevante Charakteristika von Daten schriftsprachlichen Verhaltens

Zu einer Sensibilisierung für die Komplexität von orthographischen Verhaltens-Daten (fortan OVD) und zur Problematisierung des Begriffs in der forensisch-linguistischen Autorschaftsanalyse sei es gestattet, einige vortheoretische, vorwissenschaftliche Anmerkungen zu den Begriffen „Auffälligkeitsdimensionen", „Auffälligkeit(en)", „Abweichung(en)", „Fehler", „Merkmale" von menschlichem Verhalten zu machen. Vorweg: Mit dem Begriff „Merkmal" ist m.E. in forensisch-linguistischen (und vielleicht auch in anderen linguistischen) Schriften geradezu Schindluder getrieben worden. Ich vermeide daher, soweit es möglich ist, den Begriff hier ganz – lediglich für den auch sonst in forensischen Schriften üblichen Terminus „Merkmalkonfiguration“ finde ich keinen Ersatz.

Was lässt sich vorwissenschaftlich und vorläufig zu „Auffälligkeiten“, „Abweichungen“ u.ä. von menschlichem Verhalten sagen?

(1) Ein Mensch kann irgendeine auffällige körperliche Eigenheit haben. Er kann z.B. sehr groß oder klein sein. Solche visuell wahrnehmbaren Daten der Physis und des Aussehens sind zweifellos anders zu klassifizieren und zu werten als die im Folgenden genannten. Sie sind, so scheint es jedenfalls, irgendwie invarianter und vielleicht auch „solider“. Man sollte sich jedoch hüten, sie für generell invariant zu halten, da ein extrem großer oder kleiner Mensch, je nach Situation, verschieden groß oder klein wirken und dies von verschiedenen Beobachtern verschieden wahrgenommen werden kann. Dass es sich tatsächlich um invariante Größen handelt, kann also nicht einfach vorausgesetzt werden, sondern ist durch umfängliche Analysen, Vergleich von Beobachtungsdaten diverser Personen unter Einbeziehung diverser Bezugsgrößen eigens zu prüfen.

(2) Ein erwachsener Mann kann etwa eine extrem hohe, beinahe kastratenartige Stimme haben. Diese „akustische“ Eigenschaft ist zweifellos anders zu beurteilen als die vorgenannte und die im Folgenden genannten.

(3) Ein Mensch kann extrem schnell, abgehackt und hektisch sprechen, auch in Situationen, in denen durch äußere Gegebenheiten wie Stress, Bedrohung oder emotionales Engagement eigentlich keine Indikation dafür vorliegt. Er spricht gleichsam im Normalfall so. Diese Eigenschaft scheint eher eine Eigenschaft des dynamischen Verhaltens zu sein als etwa (1) und (2), die sich, intuitiv und a priori, wohl eher als eine Eigenschaftsbeschreibung beschreiben lassen. Auf die wissenschaftliche Analyse und Ausdeutung der Unterschiede kommt es hier nicht an. Hier soll gerade dieser Unterschied der „Dynamizität“ der Eigenschaft herausgestellt werden.

(4) Gemeinsam ist den genannten „Auffälligkeiten“ (1) bis (3) offenbar, dass sie jeweils bei relativ großen Sprecherpopulationen vorkommen können und von uns nicht notwendig als „idiosynkratische“,

als (hochgradig) sprecherspezifische Eigenschaften wahrgenommen werden. Letzteres kann z.B. bei einem Menschen mit einem sogenannten „Sprachfehler", etwa in Form eines *Sigmatismus* (Lispeln), der Fall sein.

Eine solche Auffälligkeit des Sprechens ist von Interlokutoren deutlich als solche zu dekodieren, wenngleich nicht von allen im gleichem Sinne. Mit ihm oder ihr sehr vertraute Interlokutoren der nahen täglichen Umgebung werden dies vielleicht auf Dauer weniger deutlich wahrnehmen als Interlokutoren, die ihm oder ihr zum ersten Mal begegnen.

Dabei soll hier nicht behauptet werden, Sigmatismus sei de facto eine personen- bzw. sprecherspezifische invariante Eigenheit des betreffenden Sprechers/der betreffenden Sprecherin (im Unterschied zu den unter (1) bis (3) genannten Eigenarten), sondern nur, dass erwachsene, unauffällig sprechende Muttersprachler dies für eine sprecherspezifische gleichsam invariante Eigenart *halten*. Worauf es hier ankommt, ist allein, dass man auch für Eigenheiten orthographischen Verhaltens zwischen als sprecher- bzw. schreiberspezifisch *eingeschätzten* und *faktisch beobachtbaren* (wissenschaftlich analysierbaren) Eigenheiten unterscheiden muss. Das bedeutet: Es gibt sprecherspezifische Abweichungen, die auffälliger sind als andere, wobei sich dieser unterschiedliche Eindruck aber wissenschaftlich nicht weiter erhärten lässt. Es gibt umgekehrt wissenschaftlich eindeutig als hochgradig sprecherspezifische Eigenarten beschreibbare Daten schriftsprachlichen Verhaltens, die von uns (Laien) nicht in gleichem Maße oder überhaupt nicht als sprecherspezifisch und „auffällig" wahrgenommen werden. Dass diese Wahrnehmung selbst in sich heterogen sein kann – man kann sich ihrer in unterschiedlichem Maße bewusst sein und sie auch auf verschiedenen Bewusstseinsebenen wahrnehmen – kommt hinzu. Hier ist es wichtig, festzustellen, dass eine *soziolinguistische* und/oder *ethnographische* Beschreibungs- und Erklärungsdimension für diese Eigenheiten und Auffälligkeiten grundsätzlich geboten ist.

(5) Eine wieder anders gelagerte „Auffälligkeit" scheint etwa für *Stottern* anzunehmen zu sein, wobei diverse unterschiedliche Stufen,

Arten und Ausprägungen intuitiv zu unterscheiden sind: Jemand stottert, wenn er/sie nervös ist, sonst nicht. Jemand anders stottert, auch wenn er nicht nervös ist, usw. Dies soll illustrieren: Es kann überhaupt nicht die Rede davon sein, dass eine bestimmte Eigenheit invariant pro Sprecher ist und schon gar nicht als invariant quer über Sprecherpopulationen angenommen werden kann. Auch Eigenheiten des schriftsprachlichen Verhaltens sind *nicht* ipso facto *Verhaltenskonstanten* oder *-invarianten eines Schreibers*. Es ist ein Datum der trivialen Selbstbeobachtung eines jeden Schreibers/einer jeden Schreiberin, dass man manchmal „Fehler", „Abweichungen", „Auffälligkeiten" der Orthographie zeitigt, die man bei anderer Gelegenheit nicht oder niemals tätigt. Eigentlich müsste man, ähnlich wie Labov (1972) für das sprachliche Verhalten, auch für das orthographische Verhalten verschiedene „Aufmerksamkeitsstile" konzipieren (vgl. u.). Sicherlich wären dafür auch verschiedene Formen und Dimensionen des Korrekturverhaltens zu berücksichtigen. Jeder hat wohl die Erfahrung gemacht, dass man in verschiedenen Textsorten und unterschiedlichen Situationen (nicht nur quantitativ) unterschiedliche Fehler, Abweichungen und Auffälligkeiten des Schreibverhaltens produziert: In einer Klassenarbeit oder einer Klausur andere (andersartige) als in einem informellen Brief oder einer E-Mail an einen persönlichen Freund. In einem offiziellen Bewerbungsschreiben andere als in einem Leserbrief an eine Zeitung. Gemeint ist hier nicht nur, dass bei erhöhter Aufmerksamkeit weniger, bei geringerer Aufmerksamkeit mehr orthographische Fehler und Abweichungen vorkommen, sondern dass tatsächlich unterschiedliche Repertoires von Fehlern und Abweichungen für diverse Textsorten, Schreibverhaltenssituationen und überhaupt Gegebenheiten des situativen Kontextes grundsätzlich zu veranschlagen sind.

(6) Es kommt eine noch komplexere Dimension von Eigenheiten hinzu. Jemand kann z.B. sozioökonomisch der Oberschicht angehören, sich in weiten Teilen des Alltages entsprechend verhalten (in Kleidung, Essgewohnheiten, mit anderen Menschen usw.), gelegentlich jedoch Verhaltensweisen zeigen, die man als atypisch oder exzeptionell für

seine Klasse und sein übliches Verhalten ansehen kann: Er trägt z.B. Arbeiterkleidung, assoziiert sich mit Menschen der Unterschicht, isst in einer Fast-Food-Kette usw. Diese Verhaltensauffälligkeit ist strukturell und in ihrer Dimension eine andere als die vorgenannten. Sie ist in sich komplexer und lässt diverse heterogene Spielarten zu.

Alle diese ohne Anspruch auf Wissenschaftlichkeit vorgetragenen Gesichtspunkte der heuristischen Differenzierung von Eigenheiten menschlichen Verhaltens sind, mutatis mutandis, analog für das schriftsprachliche Verhalten annehmbar. An eine direkte Übertragung der einzelnen Dimensionen (1) bis (6) ist hier natürlich nicht gedacht. Es soll nur darauf aufmerksam gemacht werden, dass man nicht einfach von statischen, materialiter gegebenen invarianten Eigenschaften, etwa des orthographischen Produkts (eines Textes), ausgehen kann – in einer forensisch-linguistischen Analyse anonymer Texte schon gar nicht. Es scheint auch fraglich, ob man überhaupt nur von *einem* Kontinuum von Auffälligkeiten schriftsprachlichen Verhaltens sprechen kann. Möglicherweise sind diverse komplexe Kontinua anzunehmen, deren Verhältnis selbst noch weiter zu erörtern und theoretisch abzuleiten wäre. Möglich ist auch (wie bei sprachlichem Verhalten) eine gewisse hierarchische Struktur für das Vorkommen von Fehlern, Abweichungen und Auffälligkeiten. Zusätzlich sind Interrelationen zwischen orthographischem und sprachlichem Verhalten auch in diesem Sinne zu untersuchen.

## 2.2. Zur Operationalisierung und Systematisierung von Abweichungen des orthographischen Verhaltens in der AAA

Eine adäquate Beschreibung und Erklärung der für eine forensisch-linguistische Autorschaftsanalyse relevanten orthographischen Daten bedarf noch einiger Vorbemerkungen über den Sprachgebrauchsstatus von OVD. Ohne Anspruch auf Vollständigkeit möchte ich folgende allgemeine Feststellungen treffen.

Aus dem oben Gesagten resultiert, dass OVD schwarz auf weiß vorliegen, aber nur fälschlich Eindeutigkeit ihres Erklärungsstatus und ihres argumentativen Potentials suggerieren, denn de facto ist „ein und dasselbe“

graphische Produkt heterogen zu beurteilen. Es kann völlig Verschiedenes signalisieren. Einige dieser Beobachtungen sind seit Jahrzehnten in der Fehlerlinguistik und der Angewandten Linguistik bekannt und brauchen daher hier nur kurz referiert zu werden.

Man kann erstens Daten, die „nur orthographische" Abweichungen sind, und zweitens solche, die orthographische und zugleich sprachliche (grammatische und stilistische) Abweichungen sind, unterscheiden, so dass sich folgende vier theoretische Möglichkeiten ergeben:

**Tab. 2: Orthographische und sprachliche Abweichungen**

| (1) | (2) | (3) | (4) |
|---|---|---|---|
| + sprachlich | - sprachlich | + sprachlich | - sprachlich |
| + orthographisch | + orthographisch | - orthographisch | - orthographisch |

Ein Beispiel für (1) wäre etwa *das Grösse/die Größe,* für (2) *die Grösse/ die Größe,* für (3) *das Größe/die Größe.* Die Klassen (1) bis (3) bedürfen keiner weiteren Erläuterung, Klasse (4) ist in sich heterogen und erläuterungsbedürftig. Gemeint sind damit hier Verhaltensweisen aus einer relativ umfangreichen „Grauzone", einem Übergangsbereich, wofür man nicht klar einen Abweichungsstatus definieren kann, schon gar nicht die Annahme eines „Fehlers" gerechtfertigt scheint, aber gleichwohl irgendeine Art eines Kontinuums von Auffälligkeit oder Ungewöhnlichkeit festzustellen ist. Dafür sind in den folgenden Kapiteln zahlreiche Beispiele gegeben (vgl. etwa die Schreibung von *ss* und *ß* oder die Getrennt- bzw. Zusammenschreibung nach einer anderen als der geltenden Norm, der Gebrauch von Kommata statt Parenthesestrichen oder umgekehrt, die Schreibung mit oder ohne Bindestrich in Ausdrücken mit Ziffernangaben, wie *3-Jahrevertrag* u.a.). Festzuhalten ist, dass graphische Abweichungen Indikatoren für sich selbst und auch Indikatoren für sprachliche Fehler/Abweichungen sein können. Das Entscheidende ist methodologisch, dass man in keinem Fall „den Daten selbst ansehen kann", um welchen genauen Status es sich handelt, sondern dass in jedem Falle eine „Rekonstruktion" (à la S. P. Corder 1971; C. James 1998) notwendig ist. Für jedes Beispiel ist neben einer *„Beschreibung"* eine *„Rekonstruktion"* (der intendierten Form) und eine *„Aitiologie"* (Analyse und Erklärung des Vorkommens der Abweichung) notwendig. Es gelten dabei für die forensisch-linguistische Analyse einer Tatschrift grundsätzlich die gleichen Postulate, die z.B. für Schüleraufsätze in der Fehlerlinguistik appliziert wurden und werden. In der Essenz bedeutet dies, dass in der Regel für die Erklärung einer Form mehrere Alternativen zur Auswahl stehen und sie einzeln hinsichtlich ihres Status in Zusammenhang mit anderen Daten zu diskutieren sind. Ein altbekanntes Beispiel aus der Fehlerlinguistik: Für das Schreibprodukt **die Schüler geht* können zumindest zwei „intendierte" Versionen rekonstruiert werden: (1) *Die Schülerin geht*, (2) *Die Schüler gehen*. Im ersten Fall bestünde der Fehler darin, dass eine morphologisch falsche Form, *Schüler* statt *Schülerin*, verwendet wird. Im zweiten Fall läge ein grammatischer Fehler der Numeruskongruenz vor: *geht* (Singular) statt *gehen* (Plural). Was das orthographische Verhalten angeht, kann es sich um eine zutreffende graphische Repräsentation der grammatischen und sprachlichen Kenntnis des Schreibers handeln (z.B. bei einem Lerner von Deutsch als Fremdsprache, der es, wenn man so sagen darf, „sprachlich nicht besser weiß"). Es kann aber auch ein im Wesentlichen durch das Schreibverhalten selbst generierter Fehler, z.B. ein „Flüchtigkeitsfehler" vorliegen, der den tatsächlichen Kenntnisstand *nicht* adäquat abbildet. Letzteres, in der Fachliteratur häufig als „slip of the pen" (vgl. Fromkin 1980) beschrieben, würde man vielleicht als nächstliegende Erklärung bei einem Schreiber anzunehmen geneigt sein, der muttersprachlicher Sprecher und Schreiber des Deutschen ist.

Das Beispiel besagt, dass es eine Vielzahl von Faktoren gibt, die in Rechnung gestellt und genau analysiert werden müssen, wenn man ein konkretes graphisches Produkt adäquat in seinem Zustandekommen beschreiben und erklären will. Dies ist für die Beurteilung in einer TS oder VS von entscheidender Bedeutung.

Im Rahmen dieses Aufsatzes ist es nicht möglich, eine umfassendere und genauere Statistik des Vorkommens und der Textfrequenz von orthographischen Fehlern und Fehlerklassen in TS und VS und des damit gegebenen diagnostischen Potentials zu geben. Nur einige wenige Bemerkungen, z.B. hinsichtlich Textsortendifferenzen können gemacht werden. Eine allgemeine Aussage scheint jedoch in jedem Fall sinnvoll und notwendig: Formen des Typs *ihr Firma* statt *ihre Firma* bzw. *Ihre Firma* kommen in TS- und VS-Texten relativ häufig vor. Ich habe in über

30 Jahren Gutachtertätigkeit so gut wie keine Exemplare von Drohbriefen und Verleumdungsbriefen gesehen (für Erpresserschreiben gilt im Prinzip dasselbe), in denen solche Fehler *nicht* vorkamen. Wichtig ist hier, dass eine Vielzahl von Alternativen suggeriert wird, ohne die Einbeziehung weiterer Daten eine Entscheidung, um welche es sich speziell handelt, jedoch nicht getroffen werden kann: *ihr Firma* kann ein Indikator für mangelnde Grammatikkenntnis eines Nicht-Muttersprachlers (z.B. mit einer Muttersprache, die keine Kennzeichnung des grammatischen Genus hat) sein. Es kann ein durch das emotionale Engagement des Textes bedingter „Flüchtigkeits(schreib)fehler" sein. Es können diverse Mischformen von beiden vorliegen, wozu der Umstand, ob in einem Schreiben gelegentlich oder ausschließlich Großschreibung des Anredepronomens der 2. Person vorkommt, und viele andere Gesichtspunkte hinzukommen. Kompliziert kann die Sache noch dadurch werden – nach meinem Eindruck ein ebenfalls relativ häufig in TS und VS aller Genres vorkommendes Phänomen –, dass der Schreibgebrauch in einem Textexemplar *uneinheitlich* ist, also keine einfache Erklärung der Rekonstruktion der Abweichung gegeben werden kann. Ganz zu schweigen von der trivialen Frage der materiellen Beschaffenheit vieler TS und VS: Nicht selten kann man wegen der Qualität der Kopien und/oder anderer Umstände überhaupt nicht klar entscheiden, ob z.B. eine Form *ihr* oder *ihre* vorliegt.

Eine einzige Anmerkung ist auch zu der Relation der orthographischen Daten in TS und VS notwendig. Für einen Datenbefund der OVD sind grundsätzlich (vereinfacht) die in Tab. 3 verzeichneten Konstellationen möglich: Sie sind jeweils bei *Übereinstimmungen* der OVD in TS und VS und für *Nicht-Übereinstimmungen* (Unterschiede) der OVD in TS gegenüber VS zu beschreiben.

**Tab. 3: Drei Klassen von OVD (vereinfacht)**

| | |
|---|---|
| (1) | korrekte und völlig normale, unauffällige Schreibung, wie z.B. *wir, innerhalb, schwarz, wäre*; |
| (2) | „noch korrekte", aber irgendwie auffällige, ungewöhnliche Schreibung: ggfs./ggf.; *zB./z.B.*; *Mitarbeiter/innen* statt *Mitarbeiter/Innen* oder *MitarbeiterInnen* |
| (3) | eindeutig unkorrekte Schreibung, „falsch", abweichend von der Norm: *wier/wir*; *inerhalb/innerhalb*; *Imobilie/Immobilie*; *währe/wäre*; *Bahrzahlung/Barzahlung*; *swarz/schwarz* usw. |

Was in Tab. 3 als drei Klassen erscheint, ist in der Realität ein vielfältig gestuftes Kontinuum von Abweichungsarten, -modi und -stufen bzw. Richtigkeitsstufen des orthographischen Verhaltens. Trivialerweise liegt bei Nicht-Übereinstimmung der OVD in TS und VS ein komplexeres, bei Uneinheitlichkeit des Schreibverhaltens je in TS und VS ein noch weit komplexeres Bild von Kombinationen vor. Um nur ein Beispiel für weitere hier nicht erfasste Varianten zu nennen: Nicht berücksichtigt sind orthographisch korrekte Schreibvarianten gleichsam „im falschen Text". In einem formellen Schreiben, etwa einem Geschäftsbrief, einem Schreiben an den Rektor einer Universität oder an den Bundeskanzler wird man (eine relativ große deutsche Schreiberpopulation) als Schlussgrußformel nicht *MfG* (*Mit freundlichen Grüßen*) abgekürzt schreiben.

An den obigen Daten ist zweierlei festzuhalten: Erstens, dass es tatsächlich in der Realität nur *Kontinua* und keine klar definierten Klassen für/von Abweichungen gibt.

Zweitens, dass Abweichungen wie die etwa unter (2) und (3) genannten, *konkomitant in ein und demselben Text*, z.B. in einer TS, vorkommen können: Jede Abweichung besagt für sich genommen wenig oder überhaupt nichts. Die Abweichungen in ihrer Gesamtheit, rekonstruiert hinsichtlich ihres dynamischen Verhaltensstatus und analysiert im Rahmen diverser weiterer Faktoren, besagen ein *Syndrom orthographischen Verhaltens*, das zusammen mit weiteren (auch sprachlichen) Daten von großer Bedeutung für die Gesamtauswertung sein kann (!). Wie in Kniffka 2000b gezeigt, kann eine solche Datenkonfiguration als Wahrscheinlichkeitsargument für einen nicht-muttersprachlichen Schreiber des Deutschen gewertet werden.

Die entscheidende Frage bei der Analyse von Daten des orthographischen Verhaltens ist, nicht anders als bei Daten des sprachlichen Verhaltens, die folgende: Welche prinzipiell unabhängig voneinander variierenden Varianten kommen in einem Textexemplar *in Kombination* vor, und wie sieht die Gesamtkonfiguration der Daten aus? Linguisten sprechen hier vielfach, nicht ganz eindeutig, von „Merkmalkonfiguration", wo es eigentlich „Merkmalausprägungskonfiguration" heißen müsste. Das Verfahren der Analyse gilt dabei nicht nur für relativ große und grobe Unterschiede, wie etwa die Schreibgewohnheiten von Schreibern verschiedener Muttersprachen („Mutterschriften"), sondern auch für Schreibgewohnheiten kleinerer Ordnung, wie etwa die von Vertretern einer bestimmten Ausbildungsstufe, einer Generation, einer bestimmten Region, eines bestimmten Berufszweigs usw. Es gibt eine Vielzahl von Eigenheiten, die gerade die scheinbaren Nebensächlichkeiten orthographischen Verhaltens betreffen, wie etwa die Verwendung von Abkürzungen und Interpunktionszeichen (vgl. unten und Kniffka in diesem Band), die als Konfigurationen relevante Indikatoren für die Schreiburheberschaftsbestimmung enthalten können. Es wäre ferner zu prüfen, ob das, was die gerichtliche Schriftvergleichung als „Schulvorlage" für eine bestimmte kulturspezifische Schreibart annimmt (vgl. Wagner 1997 für das Türkische), sich ähnlich auch für OVD angeben lässt. Die Unterschiede der Orthographie, etwa in Deutschland, Österreich und in der Schweiz bis etwa vor zehn Jahren sind ein beredtes Beispiel dafür (vgl. Kniffka in diesem Band). Hier liegt ein weites Feld zukünftiger Forschung.

Eine weitere hier zu besprechende Klasse der Merkmalausprägung von Daten des orthographischen Verhaltens betrifft zentral den oben genannten *dynamischen* Verhaltensstatus, also Art und Ausmaß des Gebrauchs einer bestimmten orthographischen Form in einem Text. Etwa eine Klasse von Daten orthographischen Verhaltens, die jeweils an sich und auch in ihrem Zusammenvorkommen nicht irgendeine Art von Auffälligkeit darstellen und die den Regeln und Formen der Orthographie konform sind, in besonders gehäufter oder *extrem großer Häufigkeit des Vorkommens* jedoch eine hochgradig signifikante Auffälligkeit darstellen können. Auch dieser „extrem häufige" bzw. „exzessive" Gebrauch ist seinerseits weiter zu differenzieren, etwa als eine einheitliche Schreibweise in verschiedenen Textsorten, eine invariante extreme Häufigkeit in verschiedenen Textteilen usw. Insbesondere sind hier Eigenheiten des orthographischen Verhaltens für den Gebrauch von Interpunktionszeichen zu nennen, wie etwa die in Tab. 4 verzeichneten Daten.

Die letztgenannten Auffälligkeiten des orthographischen Verhaltens (Interpunktionszeichen) – sie stellen einen in der Forensischen Linguistik bislang stark vernachlässigten Bereich dar – sind jeweils hinsichtlich ihrer *Textsortenbedingtheit* zu untersuchen. Aufgrund der mir vorliegenden Daten scheint eine (!) generalisierbare Aussage möglich: In Verleumdungsbriefen und Drohbriefen ist ein exzessiver Gebrauch von Interpunktionszeichen, etwa der mehrfache Gebrauch von Ausrufzeichen (*!!!*), von Fragezeichen (*???*) u.ä. geradezu ein textsortenspezifisches Markenzeichen. Ich habe kaum Exemplare von TS dieser Textsorten gesehen, in denen dies *nicht* zutraf. Andererseits scheint in Erpresserschreiben der exzessive Gebrauch von Interpunktionszeichen vergleichsweise selten zu sein. Es ist möglich, diese Eigenheiten des orthographischen Verhaltens mit solchen des sprachlichen Verhaltens in Konkomitanz/Kovariation zu beschreiben und (vielleicht) durch für beide geltende Faktoren (z.B. Charakterisierung als „Indikatoren emotional stark engagierter Diktion“) zu erklären.

**Tab. 4: Auffälligkeiten des orthographischen Verhaltens, bestehend in exzessivem bzw. mehrfachen Gebrauch graphischer Zeichen**

- Bindestrichgebrauch
- Schreibung von Ziffern statt Wörtern (insgesamt) im fortlaufenden Text
- Schreibung von Wörtern statt Ziffern (insgesamt) in Tabellen, bei der Datumsangabe u.ä.
- exzessiver Gebrauch von Anführungszeichen für Einzelwörter (ohne Zitatstatus)
- exzessive Verwendung von Abkürzungen (in fortlaufendem Text)
- exzessiver simultaner Gebrauch von mehreren (statt eines) Interpunktionszeichen wie etwa Fragezeichen (*???*); Ausrufezeichen (*!!!*); Parenthesestrichen (-----) u.ä.

Auch die genannten sind jedoch keine ohne Ausnahme geltenden Regularitäten, die sich für die Textsorten eineindeutig belegen ließen. Eine Tendenz ist aber feststellbar. Ich habe in über 30 Jahren so gut wie kein Erpresserschreiben gesehen, in dem hinter Ausrufesätzen, Aufforderungen, Anweisungen usw. mehrere Ausrufezeichen gesetzt waren (Typus: *Keine Polizei!!!*). Typisch für ein Erpresserschreiben ist eher die lapidare und nicht-emotionale, distanzierte Form *Keine Polizei!* Ich habe andererseits so gut wie kein Verleumdungsschreiben gesehen, in dem nicht exzessiver Gebrauch von Ausrufezeichen und Fragezeichen o.ä. gemacht wurde, Typus *Herr X hat ein Verhältnis mit Frau Y!!!*, oder in einem anderen Schreiben: *In unserer Firma arbeitet ein Kinderschänder!!!* Ohne darauf näher eingehen zu können, lässt dies eigentlich nur einen Schluss zu: Offenbar gibt es auch im kriminellen Milieu bzw. unter den Personen, die anonyme Texte schreiben, bestimmte „Konventionen“, wie Interpunktionszeichen zu verwenden sind. „Typischerweise in kriminellen Texten vorkommend“ ist dabei eine vielleicht etwas zynisch klingende Ausdrucksweise. Sie trifft aber genau die Sache: Es ist wissenschaftlich notwendig, „typische“ und „atypische“ Schreibgewohnheiten in/von Erpresserbriefen, Drohbriefen Verleumdungsbriefen exakt zu beschreiben (wie alle anderen Eigenheiten des orthographischen und sprachlichen Verhaltens auch). Der Grund ist leicht zu erklären: Findet man deutliche Abweichungen von den im kriminellen Milieu üblichen Usancen, kann (!) dies ein möglicher Indikator für eine „nicht-profihafte“ Diktion bzw. Notation sein, und dies wiederum kann (!) ein Hinweis auf den Schreiburheber, dies u.U. ein indirekter Hinweis auf die Autor- und Täterschaft sein (etwa als potentielle Indikatoren zusammen mit anderen für einen „Trittbrettfahrer“ vs. einen „echten“ Täter), was für die Ermittlungsbehörden von Bedeutung sein kann.

Eine weitere besonders zu beachtende Datenklasse orthographischen Verhaltens, die für diagnostische Belange der Schreiburheberschaftsanalyse von nicht geringer Bedeutung ist, ist gegenstands- bzw. themenbedingt: Die Schreibung von ausländischen, fremdsprachlichen Namen, etwa von Ortsnamen. Entsprechend der deutschen Orthographie würden deutsche Schreiber vermutlich *Grosny* statt *Grozny* schreiben, letzteres vielleicht eher britische Schreiber – statt der korrekten Transliteration *Groznyj*, die wohl von Sprachkundigen, Slawisten bevorzugt würde. Andererseits können gerade solche Formen auch für Verstellung genutzt werden.

Schließlich wären diverse neue methodologische und theoretische Neukonzipierungen und Begriffe notwendig. Ich würde etwa dafür plädieren, „Aufmerksamkeitsstile des orthographischen Verhaltens“ zu definieren, grundsätzlich in ähnlicher Weise, wie die „Aufmerksamkeitsstile sprachlichen Verhaltens“ von Labov (1972) (informelle Diktion, formelle Diktion, Vorlesestil, Wortlisten und Minimalpaare, nach der Aufmerksamkeit, die ein Sprecher der Äußerung widmet).

So könnte man z.B. die in Tab. 5 verzeichneten tentativen „Aufmerksamkeitsstile der OVD“ unterscheiden.

**Tab. 5: „Aufmerksamkeitsstile des orthographischen Verhaltens“**

(1) informelles, „flüchtiges“ Schreibverhalten
(„es kommt nicht darauf an“)
(2) informelles Schreibverhalten
(3) formelles Schreibverhalten
(Einhaltung von Normen, „wie man ... schreibt“)
(4) formelles, korrekturversehenes Schreibverhalten
(„es kommt auf korrekte Orthographie an“)
(5) formelles, korrekturbeherrschtes Schreibverhalten
(z.B. in Klausur, Bewerbung, Aufsatz)
(6) formelles, minutiös korrekturbeherrschtes Schreibverhalten
(bei Urkunden, Gutachten, Gesetzestexten)

Diese Skala wäre prinzipiell für jedes Medium eigens zu definieren und datenmäßig zu analysieren: Jeweils für handschriftlich gefertigte Texte, maschinenschriftlich gefertigte Texte, E-Mail-Texte, usw. Weitere Distinktionen und Definitionen wären etwa nach „ethnographischen Komponenten des Schreibens“ (vgl. Kniffka 1980) annehmbar.

# 3. Exemplarische Beschreibung von „mehrdeutigen“ orthographischen Daten in einer AAA

In diesem Kapitel sollen einige wenige exemplarische Beispiele für mehrdeutige („polyvalente“) OVD gegeben werden. Streng genommen ist die Formulierung „mehrdeutig“ redundant: Eigentlich sind *alle* orthographischen Daten ipsa natura mehrdeutig, oder besser *vieldeutig*. Dies sogar in mehrfachem und, was noch wichtiger ist, in unterschiedlichem Sinne. „Gefrorene“ orthographische Daten in einem Text können (wie sprachliche) als Produkte verschiedenen Verhaltens zu beschreiben sein. Man könnte versucht sein, diese Art von Mehrdeutigkeit für trivial zu halten, was de facto nicht gerechtfertigt ist. Allerdings ist eine durch verschiedenes zugrundeliegendes Verhalten generierte „Mehrdeutigkeit“ weitaus elementarer als etwa die in einigen in Kniffka (in diesem Band) diskutierten Fällen und Beispieldimensionen: In Fällen wie der (vor 1996 geltenden Norm der) Schreibung von Dreierkonsonanz vs. Zweierkonsonanz – *Schiffahrt* und

*Wetturnen* mit zweifacher Konsonanz vor folgendem Vokal, *fetttriefend* und *Balletttruppe* mit dreifacher vor folgendem Konsonanten – existiert(e) zwar eine relativ klare Normvorgabe (bzw. mehrere, wenn man die übliche Zeitspanne eines muttersprachlichen Schreiberlebens betrachtet). Man kann aber, zumindest nach Ausweis der Schreibprodukte, die Gegenstand der forensisch-linguistischen Analyse sind, davon ausgehen, dass diese Norm von einer Population x deutscher Schreiber vielleicht („theoretisch") gekannt, aber nicht befolgt wird. Zu vermuten ist auch, dass einer anderen Population y diese Norm „nicht bewusst", einer wieder anderen überhaupt unbekannt ist. Man kann sagen – eine geradezu elementare Erfahrung eines jeden forensisch-linguistischen Gutachters –, dass in Tat- und Vergleichsschriften alle theoretisch denkbaren Schreibvarianten faktisch vorkommen, zumeist auch einige „abweichende", die man theoretisch nicht für möglich gehalten hätte.

Von einer Beispielklasse wie der der Dreifach- vs. Zweifachkonsonanzschreibung, für die immerhin eine Norm bestand, die allerdings von unterschiedlichen Schreiberpopulationen recht unterschiedlich praktiziert (wenn man will, „verletzt") wurde, sind Fälle von Beispielen orthographischen Verhaltens zu unterscheiden, für die es offenbar eine (so) klare Norm überhaupt nicht gibt. Gemeint sind damit Fälle wie etwa der Bindestrichgebrauch oder Nicht-Bindestrichgebrauch bei Zahlenangaben mit Ziffern, wie etwa in *5-Jahresvertrag* (vgl. oben und Kniffka in diesem Band). Deutschlehrern, Deutsch-als-Fremdsprache-Lehrern und allen denjenigen, die mit der Lehre oder der Vermittlung der Orthographienorm befasst sind, wird es weniger angenehm, Kriminalisten und den für sie Hilfsdienste leistenden forensischen Linguisten jedoch umso willkommener sein, dass es weite Bereiche des Sprach- und Schreibgebrauchs gibt, die keineswegs durch eineindeutige Normen oder überhaupt durch Normen geregelt sind, die vielmehr geradezu dadurch ausgezeichnet sind, dass – auch in einer Standardvarietät – eine große Spielbreite möglicher Realisierungen besteht.

Wenn es, streng genommen, keine wirklich eindeutigen, sondern immer nur mehr- bzw. vieldeutige orthographische Verhaltensdaten gibt, ist gleichzeitig unbestritten, dass orthographische (und sprachliche) Daten *graduell verschieden* mehr- bzw. vieldeutig sind. Das ist der unzweifelhaft vorherrschende Eindruck, was die Datenqualität selbst angeht.

Zusammen mit dem oben genannten Faktum, dass es orthographische Daten gibt, die „rein" orthographisch sind, und solche, die zugleich andere sprachliche Ebenen betreffen (z.B. zugleich orthographische und grammatische Abweichungen sind), besagt dies, dass der Gegenstand „orthographische (Verhaltens-)Daten" keineswegs nur ausnahmsweise durch Mehrdeutigkeit charakterisiert ist, sondern dass Heterogenität, Mehr- bzw. Vieldeutigkeit und Polyvalenz geradezu den Normalfall und ein „Markenzeichen" dieses Datenbereiches darstellt.

Dies ist jedoch nur die Spitze des Eisbergs. Aus den genannten Fakten resultieren diverse Konsequenzen für die Operationalisierung und Differenzierung des Beschreibungsinstrumentariums. Die wichtigste scheint zu sein: Man muss (1) ein systematisches, *strukturelles diagnostisches Potential* und (2) ein *faktisches*, empirisches daten- und fallorientiertes *diagnostisches Potential* für die Analyse orthographischer (wie auch sprachlicher) Verhaltensdaten unterscheiden. Innerhalb von (1) und (2) sind jeweils skalar diverse Stufen und Ebenen anzunehmen. Für (1) etwa die verschiedenen Ebenen des Sprachsystems, wie auch die Eigengesetzlichkeit des Sprachgebrauchs, der diversen Genres, Textsorten o.ä. (vgl. Kniffka in diesem Band).

In (2) sind fallorientierte Daten zu beschreiben, also einerseits *fallübergreifende Regularitäten*, die jeweils für alle Erpresserschreiben, Droh- und Verleumdungsbriefe gelten, und *fallspezifische*, die nur für das Korpus an Texten in einem konkreten zu untersuchendem Fall anzunehmen sind. Gegebenenfalls sind auch fallspezifische Daten zu analysieren, die für ein einziges Textexemplar einer TS und/oder einer VS gelten.

Mit (1) ist hier konkret die dem Orthographiesystem innewohnende Wertigkeit für die Diagnose des OVD gemeint, mit (2) das tatsächliche argumentative Gewicht, das die Gesamtheit der OVD *zusammen* mit weiteren *externen Daten* in einem konkreten Fall hat. Die letztgenannte Bestimmung ist dabei das Entscheidende: Alle Daten des Sprachsystems und auch des Sprachgebrauchs sind in sich und als solche für die Analyse der Schreiburheberschaft eines Textprodukts *nicht aussagekräftig*. Als konkrete Indikatoren im Sinne der AAA sind sie unbrauchbar, in

Isolation wie in Kovariation (die erst eigens zu ermitteln wäre), solange nicht weitere externe (nicht-textinterne) Evidenz verschiedener Art und Dimension hinzukommt.

Angenommen, man könnte widerspruchsfreie, klar definierte, nicht-überlappende einzelne Datenklassen für das Sprachsystem und den Sprachgebrauch für OVD aufstellen, wäre damit immer nur eine Datenkonstellation gewonnen, die für eine bestimmte Zahl sprachlicher Individuen >1 (also eine Pluralität von Menschen) gilt. Diese wird zweifelsohne je nach einem zu ermittelnden „Idiosynkrasiekoeffizienten" (IKO) der fraglichen einzelnen Daten des orthographischen (wie des sprachlichen) Verhaltens *unterschiedlich* sein (vgl. u.). Die Daten werden also immer eine nach Millionen, nach Zig-Tausenden, Tausenden oder Hunderten zählende Sprecherpopulation umfassen, nie nur einen einzelnen Sprecher oder Schreiber. Sprecher- oder schreiberspezifische, oder gar sprecher-/schreiber*identifizierende* Daten des orthographischen und/oder des sprachlichen Verhaltens gibt es nicht. Würden wir in echten „Unikaten" kommunizieren, würden wir höchstwahrscheinlich überhaupt nicht kommunizieren. Das bedeutet nicht notwendig, dass es überhaupt keine „unikaten Textprodukte" gibt oder geben könnte (man denke nur etwa an die Poesie). Das bedeutet, dass sie für die hier in Frage stehenden Textdaten, die Gegenstand einer forensisch-linguistischen Analyse sind, de facto überhaupt keine Rolle spielen. Mir sind keine TS und VS bekannt, die Unikate in einer Zahl aufwiesen, dass sie für die faktische Analyse von Bedeutung wären. Es handelt sich in der Regel um mehr oder minder gruppenspezifische orthographische (und/oder sprachliche) Verhaltenseigenheiten, die differentialdiagnostisch in ihren Interrelationen mit anderen zu beschreiben sind, um so in einem Verfahren der sukzessiven Ausgrenzung die Zahl der möglichen Alternativhypothesen verringern zu helfen.

Man kann sagen, dass die unter (1) genannte Beschreibungsmaxime des „strukturellen diagnostischen Potentials" und die unter (2) genannte des „faktischen diagnostischen Potentials" bis heute noch nicht annähernd exakt genug wissenschaftlich erforscht sind. Insbesondere die Deskription und Erklärung des Details des Sprachgebrauchs scheint unterentwickelt. Es genügt ja nicht, dass etwa für (1) im Falle der Opposition von Dreifachkonsonanz- vs. Doppelkonsonanzschreibung festgestellt wird, dass in einer

TS die Orthographienorm erfüllt ist oder nicht erfüllt ist. Es genügt nicht einmal festzustellen, dass in einer TS x ausschließlich Doppelkonsonanz-, in einer TS y ausschließlich Dreifachkonsonanzschreibung vorkommt, was der Erfahrung nach ohnehin eher selten ist. Man muss ein detailliertes Bild der Gesamtverteilung in allen TS und VS zeichnen und die im einzelnen recht komplizierten, differenzierten Abweichungen im Detail erfassen. Auch eine solche exakte und adäquate Deskription wäre letztlich jedoch im Sinne der Fragestellung einer AAA nicht zufriedenstellend: Man kann bekanntlich nicht bestimmten orthographischen Schreibverhaltenssyndromen bestimmte „Typen" von Schreibern zuordnen, obwohl wir das umgangssprachlich unwissenschaftlich fortwährend tun: Wenn seinerzeit in einem hinreichend großen Sample von TS ausnahmslos die Norm der Opposition von Dreifachkonsonanz- und Doppelkonsonanzschreibung befolgt worden wäre, hätten dies viele vielleicht für eine akkurate oder „pedantische" Schreibweise gehalten. Wenn sich in den gleichen TS jedoch beträchtliche Rechtschreibfehler in der Groß- und Kleinschreibung, der Getrennt- und Zusammenschreibung, im Gebrauch von Interpunktionszeichen usw. gefunden hätten, wäre eine solche Hypothese schnell ad absurdum geführt worden. Wenn jemand umgekehrt gegen die besagte Norm verstoßen hätte, hätte dies über seinen faktischen Kenntnisstand derselben nichts Sicheres ausgesagt (dies schon allein aufgrund des Umfangs der meisten TS und VS). Selbst wenn man hinsichtlich der „Abweichungsamplitude" massiv abweichende orthographische Repräsentationen fände, wie etwa ein einheitlicher ausschließlicher Gebrauch von Vierfachkonsonanzschreibung, (Formen wie *fettttriefend*), wäre damit zwar eine orthographische Eigenheit eines relativ höheren Idiosynkrasiekoeffizienten gegeben, gleichwohl eine Zuordnung zu einem bestimmten „Schreibertyp" nicht möglich. Es war schon die Rede davon, dass eine solche direkte Zuordnung von Einzelmerkmalen oder auch Schreibsyndromen zu einem Schreiber insgesamt wissenschaftlich empirisch nicht haltbar ist und einen Kunstfehler darstellt. Es sind also bisher viel zu wenige Daten des Sprachsystems und Sprachgebrauchs, hier des Schreibsystems und Schreibgebrauchs, adäquat untersucht und in einer für forensisch-linguistische Analysen praktikablen Weise verfügbar.

Das gilt noch mehr für das unter (2) beschriebene faktische diagnostische Potential, das am Beispiel der simultanen Verwendung mehrerer

Zeichen illustriert sei: Zunächst ist festzustellen – an sich ein Teil des Sprachsystems bzw. eines bestimmten semiotischen Teilsystems –, dass nur einige Interpunktionszeichen (wie Fragezeichen *???* und Rufzeichen *!!!*) repetiert, d.h. mehrfach verwendet werden, andere (wie etwa Kommata, Punkte, Strichpunkte, Doppelpunkte usw.) in normaler, Nicht-Computerkommunikation hingegen nicht. In einigen Fällen (z.B. der Wiederholung von Punkten) würde ein Zeichen mit einem anderen semiotischen Status (Auslassungspunkte) entstehen, in anderen scheint prinzipiell eine Repetition möglich, gleichwohl aber nicht üblich. Über alle diese Daten, die systemische Bedingtheit derselben u.ä. wissen wir bis heute zu wenig, zumindest nichts empirisch Gesichertes. Wenn es sich als harte empirische Daten belegen lässt, dass sich (vgl. die Hypothese oben) eine klare textsortenspezifische Verteilung im Gebrauch von Einfachverwendung und Mehrfachverwendung von Interpunktionszeichen (wie *!!!*; *???*) komplementär verteilt auf Erpresserschreiben einerseits und Drohbriefe und Verleumdungsbriefe andererseits (und natürlich weitere Textsorten, die nicht Gegenstand forensisch-linguistischer Analyse sind) findet, wären diese im Hinblick auf Konkomitanz oder Kovarianz des Vorkommens mit weiteren semiotischen Dimensionen, z.B. auch sprachlichen Formen, die repetiert/kumuliert/iteriert usw. werden, zu beschreiben. Wenn sich für alle diese eine Gesamtkonfiguration in quantitativ deutlicher Verteilung belegen lässt, wäre damit eine Arbeitshypothese für ein Verhaltenssyndrom von Texten (!) gegeben, das hinsichtlich seiner externen Kriterien und hinsichtlich seiner Üblichkeit mit anderen Daten korreliert und kontrastiert werden könnte. Ein solcher Gesamtbefund wäre natürlich jeweils unterschiedlich zu beurteilen bei einem Verdächtigen, der die Grundschule nicht erfolgreich abgeschlossen hat, einem, der eine Lese-/Rechtschreibschwäche hat, einem, der eine Aphasie-/Agraphieerkrankung hat und jemandem, der ein Studium erfolgreich absolviert hat und/oder erfolgreich in einem Beruf tätig ist, in dem schriftliche Kommunikation von großer Bedeutung ist.

Alle diese Daten wiederum könnten korreliert und hinsichtlich Konfigurationsstrukturen untersucht werden, etwa mit einer „anormalen" oder unüblichen Verteilung entsprechend der Textsorten (vgl. o.). Die Gesamtanalyse des „systematischen Stellenwerts" einer solchen Eigenheit des OVD wäre jeweils mit einer spezifischen Erkenntnis bzw. Vergleichsperspektive nach dem Grundsatz ceteris paribus durchzuführen: Wenn etwa die Vorkommensverteilung von Mehrfachgebrauch z.B. von Ruf- und Fragezeichen atypisch in einem Erpresserschreiben vorkommen, kann dies auf ein „nicht-professionelles“ Schreibverhalten oder z.B. auf eine Verstellung hinweisen. Auch hier wären weitere differentialdiagnostische Kontrastierungen notwendig. Ob sie den gewünschten Erfolg bringen, ist fraglich.

Das Ziel der Analyse besteht in einer Untersuchung möglichst komplexer Konfigurationen für Daten, die prinzipiell unabhängig voneinander variieren. Es gilt das soziolinguistische Prinzip der kumulativen Evidenz: Je mehr Daten man hat, je mehr kann man aussagen. Noch deutlicher sind allerdings die Grenzen formulierbar, die für eine solche Analyse gelten. Die wichtigste Einschränkung ist zweifellos: Eine direkte Zuordnung von (Teilen von) Textprodukten zu Typen von Autoren oder Schreibern ist, wie schon gesagt, wissenschaftlich nicht vertretbar. Eine solche Zuordnung nahm vor Jahren ein sog. Gutachter vor, indem er *weil-* und *da*-Typen unterschied für mögliche Autoren einer anonymen TS, je nach Gebrauch dieser oder jener Konjunktion. Das ist wissenschaftlich grober Unfug. Dasselbe gilt, würde man „Schreibertypen“ unterscheiden, je nachdem ob *dass* oder *daß* für die Konjunktion in einer TS geschrieben wird (unabhängig davon, wie die geltende Norm ist). Zuordnungen dieser Art sind schon deshalb nicht haltbar, weil die fraglichen Texte von TS und VS in der Regel eine Vielzahl heterogener Daten in diesem Sinne enthalten. Die Aufstellung eines „Typs“ oder auch nur eines mehr oder minder einheitlichen Verhaltenssyndroms ist schon rein quantitativ nicht möglich.

Eine genaue quantitative und qualitative Ermittlung des genannten *Idiosynkrasiekoeffizienten* (IKO) von Daten des orthographischen Verhaltens ist, wie die von sprachlichen Daten, eine wichtige Aufgabe einer AAA: Der IKO ist für verschiedene OVD unterschiedlich groß.

Eine Schreibung $x_1$ kann seltener, ausgefallener, exzeptioneller als eine Schreibung $x_2$ sein – gemeint als graphische Realisierung oder Schreibweise derselben Variablen in einem Text – oder als die Schreibung einer Variablen y. Der IKO etwa einer Schreibung eines Kommas mit Wölbung nach links („abnehmender Mond“) statt mit Wölbung nach rechts („zunehmender Mond“), wie bei deutschen Schreibern im allgemeinen üblich, ist wohl größer, d.h. die Schreibung eine relativ „idiosynkratischere" Abweichung, als z.B. die Verwendung zweier Fragezeichen statt eines, die Verwendung einer Parenthese statt eines Kommas oder umgekehrt, die Verwendung eines Rufzeichens statt eines Punktes am Satzende u.ä. Wenn z.B. Deutsch schreibende Araber charakteristischerweise die erstgenannte Krümmung eines Kommas machen (bedingt u.a. durch die Linksläufigkeit ihrer Schrift), so ist dies keineswegs ein „schreiberidentifizierender" Befund. Ein Komma mit Wölbung nach links kann auch von allen möglichen anderen Schreibern geschrieben werden, etwa Linkshändern, die rechts schreiben, alkoholisierten Schreibern, auf schlechter und sich bewegender Unterlage (z.B. im Zug) Schreibenden u.v.a.m. Nur zusammen mit anderen textinternen und -externen Daten lässt sich also gegebenenfalls eine Eingrenzung für die Schreiburheberschaft ermitteln. Voraussetzung ist, dass quantitativ und qualitativ eine eindeutige Beleglage gegeben ist, dass also genügend Kommata in einem Text vorkommen und sie alle ausnahmslos dieses Charakteristikum aufweisen.

Eine anderes Beispiel eines ähnlich hohen IKO ist eine Schreibung von Interpunktionszeichen (Auslassungspunkten) am Ende eines Zitates, die in einer anonymen TS in invarianter Form über ein Dutzend Mal belegt war: Die Form war .. ". / ... "

Offenbar hat der Schreiber/die Schreiberin des Textes eine hochgradig idiosynkratische Regel für die Schreibung von Auslassungspunkten in einem Zitat am Satzende internalisiert. Standard ist, nach den drei Auslassungspunkten den „vierten Punkt" zur Markierung des Satzendes wegfallen zu lassen (vgl. DUDEN 2000, § 100, S. 1151). Ich habe seinerzeit den faktischen „offiziellen" Schreibgebrauch durch eine Spontanbefragung des Lehrpersonals von Sekretärinnenkursen an mehreren IHK zu ermitteln versucht. Ergebnis: Die Befragten versicherten einhellig, dass ihnen die in der TS vorliegende Schreibvariante .. ". unbekannt, die „richtige" Form eindeutig ... " sei und dass in der DIN-Norm 2008 eine entsprechende Angabe nicht enthalten sei. Angemerkt sei hier, dass ich selbst die Variante .. ". nie vorher und nie nach dieser TS irgendwo gesehen habe, und dass ich nie, soweit ich mich erinnere, irgendeinen entsprechenden Schreibgebrauch getätigt habe. Außerdem ist bezeichnend, dass ich selbst dafür vorher überhaupt keine Regel kannte – die in der TS verwendete Form also aus meiner Sicht durchaus einen bei professionellen Sekretärinnen üblichen Schreibgebrauch hätte repräsentieren können.

Orthographische (Verhaltens-) Daten mit einem relativ großen IKO beinhalten keineswegs eine Garantie für ein „liquet“ für die forensisch-linguistische Fragestellung: Im vorliegenden Fall fanden sich keine vergleichbaren Schreibauffälligkeiten (.. “.) in den Vergleichsschriften. Hätten sie sich, in einer ähnlich deutlichen Ausprägung wie in der TS, gefunden, wäre dies möglicherweise als ein Wahrscheinlichkeitsindikator für eine partielle Übereinstimmung der Schreiburheberschaft zu werten gewesen.

Ein großer Wert für den IKO korreliert nicht irgendwie signifikant mit anderen Werten, z.B. nicht negativ reziprok mit der Zahl der Alternativhypothesen oder mit dem Ausmaß der Mehrdeutigkeit einer Form: Die Abweichungen in den beiden genannten Fällen (nach links gewölbtes Komma und eine hochgradig idiosynkratische Schreibung .. “.) können jeweils durch eine große Zahl von SchreiberInnen getätigt worden sein: Letzteres z.B. von allen TeilnehmerInnen einer Klasse, die von einer Lehrerin/einem Lehrer unterrichtet wurde, die/der eine solche Schreibnorm (.. “.) für die richtige hielt. „Statische“ Eigenheiten orthographischer Daten sind also niemals ipsa natura aussagekräftig für die Ermittlung der Schreiburheberschaft von TS und VS. Dies sind nur die zu rekonstruierenden *dynamischen* OVD und ihre Konfigurationen mit weiteren Daten in TS und VS.

Schließlich eine wichtige Aussage für die forensisch-linguistische Analyse: Orthographische Verhaltensdaten mit einem so relativ großen IKO wie die beiden genannten Beispiele sind in den Texten, die Gegenstand der forensisch-linguistischen Analyse sind, relativ selten. Ich habe in Tausenden Seiten von TS und VS, in zahlreichen von Kollegen und mir selbst untersuchten Fällen in den letzten 30 Jahren gerade diese beiden gefunden, denen ein so großer IKO zuzuerkennen ist. Die üblicherweise in TS und VS vorkommenden Rechtschreibfehler und -abweichungen sind die auch in anderen Texten am häufigsten vorkommenden (Groß- und Kleinschreibung, Getrennt- und Zusammenschreibung, Schreibung von *ß* und *ss* nach den diversen Normvorgaben u.ä.). Sie sind um ein vielfaches häufiger als die beiden genannten. Das Entscheidende im Sinne der vom forensisch-linguistischen Gutachter aufgegebenen Fragestellung ist also allgemein die Frage, in welchem Maße und in welcher Weise OVD mit anderen, insbesondere auch textexternen Daten verknüpft und im Sinne quantitativ eindeutiger Konfigurationen für TS und VS analog beschrieben werden können.

## 4. Fazit

Die notwendigerweise eng begrenzten Ausführungen zeigen, dass eine systematische Analyse der Daten des orthographischen Verhaltens in Texten ein wichtiger Bestandteil der forensisch-linguistischen Analyse bei der Ermittlung anonymer Schreiburheberschaft ist. Dass daraus u.U. für die Frage der Texturheberschaft indirekte Evidenz gewonnen werden kann. Dass insgesamt eine umfassende Analyse des gesamten „semiotischen Verhaltens" eines Textes bzw. in einem Text von Bedeutung für die kriminalistische Ermittlungsarbeit ist. Gezeigt wurde auch, wie ich glaube, dass bereits ein beachtlicher Anfang durch die forensische Linguistik gemacht, dass aber noch eine große Menge an Forschungsarbeit zu leisten ist und noch eine lange Wegstrecke vor uns liegt. Ob, in welchem Maße und wie Daten des orthographischen Verhaltens als strukturelle und faktische diagnostische Potentiale für eine AAA relevant sind, ob sie für den Vergleich von TS und VS ergiebig sind, weiß man nie von vorneherein, sondern nur nach einer eingehenden Analyse aller (!) dynamischen Daten. Von daher ist es lege artis nicht vertretbar, OVD grundsätzlich für eine forensisch-linguistische AAA nicht zu berücksichtigen. Eine vordringliche Aufgabe ist m.E. die Operationalisierung des „faktischen diagnostischen Potentials": Auf der Basis der empirischen Linguistik, auf der Basis der empirischen forensisch-linguistischen AAA ist es für jeden einzelnen Fall „cum grano salis" aufzubereiten und anzuwenden.

Ferner: Die Analyse orthographischer Verhaltensdaten wie die sprachlicher Verhaltensdaten erlaubt ausschließlich Generalisierungen über das untersuchte Textkorpus. Es wäre unwissenschaftlich und ein Kunstfehler, einzelne Eigenheiten (Items) des orthographischen Verhaltens mit „Persönlichkeitsmerkmalen" von Schreibern oder eines einzelnen Schreibers direkt zu korrelieren.

Indirekte Evidenz des OVD kann (!) in einem zunächst überhaupt nicht erwarteten Kontext von Bedeutung sein. Die zitierte Literatur enthält zahlreiche Beispiele dafür.

Vor allem: Die Linguistik muss die Gesetzlichkeiten, Modalitäten, Variationen und Dimensionen des Schreibgebrauchs in einem viel genaueren, tiefer gehenden und umfassenderen Rahmen beschreiben und erklären, als dies bisher gemacht wurde. Gegenstand der Analyse und Basis der weiteren praktischen Arbeit muss ein sehr großes Korpus von faktischen TS und VS sein. Die linguistische Beschäftigung mit „Normen" und der damit konstituierten Theorieproblematik ist gemessen an den forensisch-linguistischen Aufgaben insgesamt ein geradezu winzig kleiner Bereich.

## Literatur

Corder, S. Pit (1971): Idiosyncratic dialects and error analysis. In: International Review of Applied Linguistics 9, S. 147-159

DUDEN Rechtschreibung (2000). Mannheim u.a.: Dudenverlag

Fromkin, Victoria A. (Hg. 1980): Errors in Linguistic Performance. Slips of the Tongue, Ear, Pen and Hand. New York: Academic Press

Hecker, Manfred R. (1997): Geschlechtseinflüsse in der Handschrift. In: Hecker, M. (Hg.): 6. Symposion für Schriftvergleichung des Bundeskriminalamtes und der Landeskriminalämter am 17. und 18. März 1997. Tagungsband, Wiesbaden, S. 47-64

James, Carl (1998): Errors in Language Learning and Use: Exploring Error Analysis. London: Longman

Kniffka, Hannes (1980): Soziolinguistik und empirische Textanalyse. Schlagzeilen- und Leadformulierung in amerikanischen Tageszeitungen. Habilitationsschrift Köln 1980. Tübingen: Max Niemeyer Verlag (= Linguistische Arbeiten Nr. 94)

Kniffka, Hannes (1981): Der Linguist als Gutachter bei Gericht. Überlegungen und Materialien zu einer „Angewandten Soziolinguistik". In: Peuser, G./ Winter S. (Hg.): Angewandte Sprachwissenschaft. Grundfragen – Bereiche – Methoden. Bonn: Bouvier Verlag H. Grundmann, S. 584-634

Kniffka, Hannes (1989): Zum gegenwärtigen Stand und zu den Aufgaben „forensischer" Linguistik. Vortrag auf dem BKA-Symposium am 09.12.1988 in Wiesbaden. In: Bundeskriminalamt (Hg.): Forensisch-linguistischer

Textvergleich. Symposium am 8. und 9.12.1988 im BKA Wiesbaden (= BKA – Technische Forschung Band II), S. 202-237

Kniffka, Hannes (1990a): Einführung: „Forensische Linguistik". In: Kniffka, H. (Hg.): Texte zu Theorie und Praxis forensischer Linguistik. Tübingen: Max Niemeyer Verlag (= Linguistische Arbeiten Nr. 249), S. 1-55

Kniffka, Hannes (1990b): Autorschaftsausschluß. Ein ‚liquet' und ein ‚non liquet'. In: Kniffka, H. (Hg.): Texte zu Theorie und Praxis forensischer Linguistik. Tübingen: Max Niemeyer Verlag (= Linguistische Arbeiten Nr. 249), S. 437-456

Kniffka, Hannes (1992): Sprachwissenschaftliche Hilfe bei der Täterermittlung. In: Grewendorf, G. (Hg.): Rechtskultur als Sprachkultur. Zur forensischen Funktion der Sprachanalyse. Frankfurt: Suhrkamp, S. 157-193

Kniffka, Hannes (2000a): Stand und Aufgaben der „Forensischen Linguistik". In: Veronesi, D. (Hg.): Linguistica giuridica italiana e tedesca / Rechtslinguistik des Deutschen und Italienischen. Padova: Unipress, S. 29-46

Kniffka, Hannes (2000b): Anonymous Authorship Analysis without Comparison Data? A Case Study with Methodological Impact. Paper read at the Fourth Biennial Conference of the IAFL (Intern. Assoc. of Forensic Linguists) at the University of Birmingham, UK, June 28 - July 1, 1999. In: Linguistische Berichte 182, S. 179-198

Kniffka, Hannes (2001): Eine Zwischenbilanz aus der Werkstatt eines „forensischen" Linguisten: Zur Analyse anonymer Autorschaft. In: Linguistische Berichte 185, S. 75-104

Labov, William (1972): Sociolinguistic Patterns. Philadelphia: University of Pennsylvania Press

Michel, Lothar (1982): Gerichtliche Schriftvergleichung: eine Einführung in Grundlagen, Methoden und Praxis. Berlin, New York: de Gruyter

Scherer, Klaus R./ Giles, Howard (1979): Social markers in speech. Cambridge: CUP

Wagner, Barbara (1997): Probleme bei der Begutachtung türkischer Handschriften. In: Hecker, M. (Hg.): 6. Symposion für Schriftvergleichung des Bundeskriminalamtes und der Landeskriminalämter am 17. und 18. März 1997. Tagungsband, Wiesbaden, S. 65-82

Manfred Hecker

# Handschrift und Geschlecht

## Abstract

In diesem Beitrag geht es um die Frage, ob mit einer Handschriftenanalyse das Geschlecht des Schreibers ermittelt werden kann. Nach einem kurzen Überblick über die bisherige Forschung wird das Handschriften-Auswertungssystem „FISH“ beschrieben, das in der im Anschluss dargestellten Studie zur Geschlechtsspezifität der Handschrift verwendet wurde. Diese Studie weist einen Effekt des Geschlechts auf die Handschrift nach, der ausführlich diskutiert wird.

## 1. Graphologie und forensische Schriftvergleichung

Nahezu 200 Interneteinträge zu dem Stichwort *Graphologie* belegen auch aktuell ein ungebrochenes Interesse an der Deutung der Handschrift. Darunter sind auch solche zu finden, die bewusst eine Verbindung mit der Astrologie eingehen und wohl auch deshalb Kritiker der *Lehre vom Schreiben* zu solch provokanten Aussagen verleiten wie „Kritische Denkanstöße: Graphologie signifikant wie Kaffeesatz“ (http://www.psychotherapie.com/psychotherapie/mythen/01101902.htm).

Die akademische Befassung mit der Analyse der Handschrift ist gekennzeichnet durch zwei unterschiedliche Ansätze, nämlich die *Graphologie* und die *forensische Schriftvergleichung*. Während die Graphologie für sich den Anspruch erhebt, aus bestimmten Merkmalen der Handschrift Persönlichkeitsmerkmale des Schreibers erschließen zu können, geht es der forensischen Schriftvergleichung um die Identifizierung eines Schreibers anhand seines grafischen Merkmalsinventars (vgl. u.a. Hecker 1993/2000).

Es soll an dieser Stelle nicht näher darauf eingegangen werden, welche methodischen Probleme der Graphologie dazu geführt haben, dass sie ihren Status als universitäres Lehrfach nahezu völlig eingebüßt hat; in der Hauptsache wird ihr jedenfalls mangelnde Validität ihrer Methoden vorgeworfen (vgl. z.B. Ben-Shakhar 1986, Michel/Wiese 1986). Die Frage, um die es in diesem Beitrag in erster Linie geht, lautet, ob mittels der Handschrift eine Geschlechtsdiagnostik möglich ist, so wie es manche Web-Seiten suggerieren (Abb. 1).

„Institute for Scientific Predictions
http://ourworld.compuserve.com/homepages/SMIPP/gendhoax.htm
Graphological Gender Testing
Pretty strange: Still too many sceptics cannot be convinced, that a person´s handwriting can tell you all the secrets of her or his character. The personal departments of modern industries are being unfairly ridiculed for applying graphology to the selection of good and loyal employees, as most applicants in job interviews try their best to hide their miserable intentions towards well intended companies.
Thus, only few benefit from the powers of graphology. But even the known potential of this great science still is not fully exploited. Graphology can also tell the gender of the unborn child from the handwriting of the expecting mother: Already as early as in 1987 the German *Institute for Scientific Predictions* announced, that the handwriting of a person can be used to determine the sex of her unborn child. This is very important, as knowing the child´s gender is essential to make an informed decision wether to shop for pink or for light blue baby clothing.
In the Süddeutsche Zeitung (1987/96/28, pg. 13) scientific graphology was advertised to become available for gender prediction:

**Geschlechtsvorhersage m. Erfolgsgarantie!** Aus ca. 10 Zeilen Handschrift der werdenden Mutter sagen wir Ihnen schon im 2. Monat mit 100%iger Sicherheit das Geschlecht voraus. Honorar nur DM 150,- Geld garantiert zurück, wenn unsere Vorhersage nicht zutreffen sollte.
Inst. f. wissenschaftl. Vorhersagen
Postfach [redacted]

*Abb. 1: Internet-Werbung ‚Geschlechtsdianostik'*

## 2. Die Geschlechtsspezifität der Handschrift

Sie ist kurz und knapp mit Klages (1949:31), einem der bedeutendsten deutschen Graphologen, dahin gehend zu beantworten, dass „...die Geschlechtsbestimmung vermöge der Handschrift *grundsätzlich* unmöglich ist.“. In einem 1949 abgedruckten Brief unter der Überschrift *Was die Graphologie nicht kann* führt er aus, dass nach seiner Erfahrung Laien in der Lage seien, in etwa 70 % der Fälle das biologische Geschlecht eines Schreibers anhand seiner Schrift korrekt einzuschätzen. Für erfahrene Graphologen nimmt er eine Trefferquote von 80 % an.

Klages begründet das Unvermögen der universellen Diagnostizierbarkeit des biologischen Geschlechts aus der Handschrift damit, dass es zwar typisch männliche und typisch weibliche Charakterzüge gebe, dass aber kein Organismus ein verwirklichter, reiner Typus sei. Es mag an dieser Stelle dahingestellt sein, ob es aufgrund sich wandelnder Geschlechtsrollenverständnisse angemessen ist, typisch weibliche oder männliche Eigenschaftsprofile zu erstellen und mit bestimmten Schriftmerkmalen in Verbindung zu bringen; jedenfalls wäre eine Hypothesentestung zu fordern, die der intuitiven Eigenschaftsattribuierung graphologischer Schriftmerkmalsanalyse überlegen ist.

Es stellt nach Klages und vielen namhaften Graphologen aus Gründen des ihrer Meinung nach charakterologischen Hybridcharakters des Menschen somit die Kenntnis des biologischen Geschlechts der zu beurteilenden Person eine unabdingbare Voraussetzung für jede Charakterdeutung (heute würde man Persönlichkeitsanalyse sagen) dar.

Eine Literaturrecherche zur Thematik ‚Geschlechtsspezifität der Handschrift‘ zeigt, dass es eine ganze Reihe einschlägiger Untersuchungen gibt, die sich nicht nur durch ein unterschiedliches methodisches Vorgehen unterscheiden, sondern auch zu ganz verschiedenen Ergebnissen kommen (vgl. Abb. 2).

Als durchschnittlicher Erkennungswert über alle Studien hinweg ergibt sich eine Trefferquote von 71,5 %. Dabei ist allerdings zu berücksichtigen, dass Ergebnisse wie diejenigen von Klages wohl rein willkürliche Schätzungen darstellen. Außerdem ist zu bedenken, dass der sehr hohe Wert, den Listenow (92 %) berichtet, einem Gemeinschaftsrating entstammt und damit nicht direkt vergleichbar erscheint.

| Verfasser | Jahr | Trefferquote (in %) |
|---|---|---|
| Arnheim | 1928 | 64 |
| Binet | 1906 | 70 |
| Broom et al. | 1929 | 70 |
| Crépieux-Jamin | 1906 | 79 |
| Dobrzykowsky & Peitzsch | 1987 | 68 |
| Downey | 1920 | 67 |
| Eisenberg | 1938 | 72 |
| von Foerster | 1927 | 63 |
| Glotow | 1972 | 85 |
| Goodenough | 1945 | 69 |
| Hartley | 1989 | 78 |
| Hartley | 1991 | 69 |
| Hodgins | 1971 | 65 |
| Hundrup & Milbrecht | 1991 | 63 |
| Jacobi | 1932 | 80 |
| Kalnow et al. | 1982 | 85 |
| Kinder | 1926 | 68 |
| Klages | 1930 | 80 |
| Lester et al. | 1976 | 70 |
| Lester et al. | 1982 | 76 |
| Listenow | 1983 | 92 |
| McCullough | 1987 | 70 |
| Middleton | 1938 | 62 |
| Newhall | 1926 | 57 |
| Reichert | 1962 | 64 |
| Rulfs | 1954 | 65 |
| Schöneberg | 1988 | 71 |
| Tenwolde | 1934 | 63 |
| VNIISE | o. Jahr | 94 |
| Westphal & Kaiser | 1984 | 77,5 |
| Young | 1931 | 61 |

*Abb. 2: Übersicht über bisherige Studien zur Geschlechtsdiagnostik*

Die Zusammenschau dieser Untersuchungsergebnisse zeigt eine sehr breite Streuung, wobei die korrekten Geschlechtszuordnungen in den Extremen als zufallsverteilt (Listenow) oder aber als in hohem Maße überzufällig (Vniise) angegeben werden. Einige Untersuchungen heben eine starke Abhängigkeit der Ergebnisse von der Art des Geschriebenen wie Inhalt, Farbe des Briefpapiers oder Schreibmittels (Binet, Kiss, Hilton) und des Umfanges (Kalnov et al.) hervor, andere machen einen Einfluß des Beurteiler-/bzw. Beurteiltengeschlechtes oder der Beurteilerqualifikation geltend (Downey, Vernon).

Schließlich reicht die Bandbreite der Schriftmerkmale, denen Geschlechtlichkeitseigenschaft zugeschrieben wird, von äußerst diffusen Attribuierungen wie *sorglos* oder *keck* bis hin zu exakten Messwerten, wie etwa der *Schriftlage*.

Nach den bisherigen Studien ist damit zwar davon auszugehen, dass es einen Einfluß des Geschlechtes auf die Handschrift gibt, jedoch erscheint nicht genügend geklärt, wie hoch die Aussagekraft tatsächlich ist und ob sie sich in Schriftvariablen, und ggf. in welchen, manifestiert.

Und im Falle der genannten Delikte sind dies häufig – wenn auch nicht ausschließlich – handschriftliche Mitteilungen, die auf Ermittlerseite naturgemäß den Wunsch nach möglichst präzisen Personendaten wecken, und dazu gehört allen voran auch das biologische Geschlecht.

Wenn eingangs davon die Rede war, dass Graphologie und forensische Schriftvergleichung unterschiedliche Zielsetzungen verfolgen, so ist diese Abgrenzung insofern zu relativieren, als natürlich auch im Kontext polizeilicher Ermittlungsarbeit eine möglichst weitgehende Charakterisierung der Person eines Schrifturhebers im Sinne eines Täterprofilings von Interesse wäre. Insbesondere im Zusammenhang mit schwersten Straftaten, wie etwa Mord, Geiselnahme, Erpressung oder terroristischen Anschlägen stellen handschriftliche Mitteilungen etwa in Form von Androhungen von Lebensmittelvergiftungen, Handlungsanweisungen für eine Geldübergabe oder Bekennerschreiben nach Sprengstoffanschlägen die ersten materiellen Kontaktspuren zu den mutmaßlichen Tätern (in Abgrenzung zu sog. Trittbrettfahrern) dar und begründen damit zweifellos die dringende kriminalistische Interessenslage, unter Anwendung wissenschaftlicher Erkenntnisse eine möglichst effektive Verbrechensaufklärung zu forcieren, ein Aspekt, den schon Saudek 1926 betont.

Dies impliziert auch für den Bereich der sächlichen Tatspur ‚Handschrift' im Stadium der Anfangsverdachtsgewinnung eine umfassende Informationsausschöpfung dieses Spurenmaterials mit der Zielrichtung, zunächst der Definition, später der Eingrenzung des potentiellen Täterkreises und in einem weiteren Stadium idealiter die Überführung eines Individuums als Täter mit Hilfe des Personenbeweises ‚Handschrift' (so auch Howorka 1990). Dass äußeren Personenmerkmalen – wie Geschlecht, Alter, Hautfarbe, Größe etc. – der Vorzug gegeben wird, liegt auf der Hand. Ihr Erhebungsaufwand ist gering, ihr Selektionswert andererseits aber beträchtlich. Merkmale dieser Art sind also zunächst ermittlungsrelevanter als beispielsweise ein Zahnschema oder das Bildungsniveau.

Die Frage nach der Diagnostizierbarkeit des Geschlechtes aus der Handschrift, als einem von vielen Personenmerkmalen, hat in der forensischen Schriftuntersuchung dadurch praktische Bedeutung erlangt, dass sie insbesondere in der östlichen Welt zum Zwecke der sog. ‚Schriftfahndung' eingesetzt wurde. Vor allem in der ehemaligen Sowjetunion und der damaligen DDR wurden im kriminalistischen Bereich Geschlechtsanalysen aus der Handschrift durchgeführt, um ein Personagramm der Verfasser von Schmäh-, Droh- oder Bekennerschreiben für Fahndungs- bzw. Ermittlungsansätze zu entwerfen. Derartige ‚Schreiberprofile' enthielten Aussagen über Geschlecht, Altersgruppe und Bildungsniveau des Schrifturhebers. Trotz der erheblichen Vorbehalte, die der theoretischen Fundierung der Diagnostizierbarkeit dieser Variablen insbesondere durch westliche Wissenschaftler entgegengebracht wird, finden solche Aussagen nach wie vor Eingang in Schriftexpertisen.

Da die genannten Variablen statistisch abgesichert sein sollen, die in den bisher zugänglichen Publikationen (*Ministerium des Innern* 1986) gegebenen Begründungszusammenhänge aber nur sehr undifferenziert offengelegt werden, wurde durch den Verfasser eine Studie mit dem Ziel aufgelegt, mit Hilfe eines neuen Ansatzes die Frage der Geschlechtsspezifität der Handschrift zu überprüfen (vgl. Hecker 1996).

Um der kritischen Betrachtung vor allem graphologischer Untersuchungen zur Frage des Geschlechts in der Handschrift Rechnung zu tragen, beschränkte sich die Studie bei der Erfassung des graphischen Merkmalsinventars auf graphometrische und Mustererkennungsverfahren, die in dem beim Bundeskriminalamt vom Verfasser initiierten und mitentwickelten Handschriften – Auswertungssystem FISH (*F*orensisches *I*nformations*s*ystem *H*andschriften) realisiert sind (vgl. Hecker 1988 und 1993, 313ff.).

## 3. Das System FISH

Wegen der grundsätzlichen Bedeutung dieses Ansatzes, der in vielen anderen kriminaltechnischen Disziplinen Schule gemacht hat (Daktyloskopie, Schusswaffen, Maschinenschriften, Linguistik etc.), wo es darum geht, eine teil- oder vollautomatische Merkmalsklassifikation vorzunehmen und das Merkmalsprofil anschließend an einer großen Datenbank vorbei zu führen (Recherche), soll in der gebotenen Kürze die Philosophie des Systems dargelegt werden. Dies erscheint schon deshalb geboten, weil sich mit dieser Art Mustererkennungsverfahren prinzipiell alle interessierenden Variablen (nicht nur) der Handschrift (und nicht nur der Geschlechtsaspekt) ohne den störenden menschlichen Intuitionseinfluss untersuchen lassen.

FISH wurde durch Veröffentlichungen von Stein-Lewinson/Zubin 1942, 1973, Eden 1966 und Lanzmann 1966a-c angeregt und führte 1971 im Bundeskriminalamt zur Auflage eines Projektes zur rechnergestützten Handschriftenauswertung. Insbesondere der Ansatz Stein-Lewinsons formuliert zwei Analyseaspekte der Schrift, den quantitativen (Handschrift als „geometrische Figur“ mit demzufolge messbaren Merkmalen) und den qualitativen (Form- und Bewegungsmerkmale). Diese Sichtweise legte den Grundstein für die Entwicklungen.

Mangelnde Nachvollziehbarkeit der qualitativen Merkmalsebenen und der Postulate analoger Merkmalsräume von Persönlichkeitszügen in der Graphologie führten zu der Frage, inwieweit sich die sogenannten qualitativen Merkmale konnotationsfrei und stattdessen informationstheoretisch bewerten ließen. Ziel des Projektes war es damit, graphische Merkmale möglichst objektiv zu erfassen und zu quantifizieren. Darüber hinaus sollte versucht werden, die „Individualität“ des Schriftbildes für forensische Zwecke der Schreiberidentifizierung nicht nur zu quantifizieren, sondern auch statistische Untersuchungen anhand großer Schreiberpopulationen durchzuführen.

Vor allem waren die Bedürfnisse des Zentralen Handschriften-Erkennungsdienstes des Bundeskriminalamtes mit einer hohen Fallbelastung steigender Tendenz zu berücksichtigen. Mit Hilfe der Rechnerunterstützung sollten viele Auswerter einen simultanen Zugriff auf den Gesamtbestand der Schriften erhalten; auch sollten die Fehlerquellen des relativ groben Klassifizierungsrasters mit inter- und intraindividuellen Klassifizierungsunterschieden der Sachbearbeiter minimiert werden. Dieses Klassifizierungssystem geht auf eine Einteilung von *Allgemeinen Schriftmerkmalen* des ehemaligen Leiters der Handschriftenauswertung beim BKA, Mally 1955, zurück.

Schließlich richtete sich das Forschungsinteresse auch auf die Möglichkeiten der grundlagentheoretischen Exploration eines großen Schriftdatenpools mit gesicherten kontinuierlichen Zuwachsraten.

Ausgehend von der Projektphilosophie, verschiedene Wege in der Merkmalserhebung und in der Merkmalsdefinition zu beschreiten, sollten neben rein mathematischen, d.h. in termini der herkömmlichen Schriftanalyse ‚unanschaulichen', Schriftparametern auch konventionelle Schriftmerkmale Verwendung finden.

Es wurden verschiedene Verfahren zur automatischen Extraktion globaler statistischer Merkmale des gesamten Schriftbildes (sog. ‚textinsensitive' Merkmale), aber auch zur Berechnung interaktiv isolierter oder linienverfolgter Textsegmente (sog. ‚textsensitive' Merkmale) entwickelt.

Als Vorstufe für die Extraktion textunabhängiger Schriftparameter wurden Untersuchungen zur Erstellung eines Kataloges von Merkmalen mit der größten Trennschärfe in bezug auf ihre Separationsfähigkeit verschiedener Schreiber durchgeführt. Geeignet zeigten sich dabei Vorgehensweisen der Segmentierung in bildhafte ‚Primitiv'-elemente mit Erstellung von statistischen Verteilungen ihrer Eigenschaften und anschließender parametrischer Beschreibung:

- Schwarzkettenstatistik (SKS, Lauflängen der zusammenhängenden Ketten von Bildpunkten, die zum Schriftzug gehören; bei diesem Verfahren wurden die Merkmale durch die multiple Diskriminanzanalyse transformiert)
- Weißkettenstatistik (WKS, Lauflängen der zusammenhängenden Ketten von Bildpunkten, die nicht zum Schriftzug gehören)
- örtlich begrenzte Autokorrelationsfunktion (AKF).

Die Erkennungsraten, die mit Hilfe dieser Verfahren erzielt werden könnten, betragen für den ‚Nearest-Neighbour-Klassifikator' (nach erfolgter *Whitening*-Transformation) bei der Schwarzkettenstatistik 99,5 %, der Weißkettenstatistik 89,5 % und der Autokorrelationsfunktion 95,6 % (Abb. 3 zeigt die Darstellung der Unterschriften zweier verschiedener Schreiber als AKF):

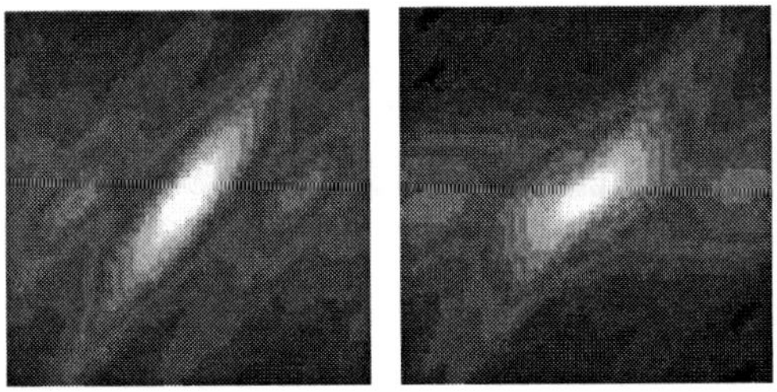

*Abb. 3: AKF-Darstellung zweier Unterschriften*

Parallel zu diesen rein mathematischen, unanschaulichen Parametern, wurden aus dem konventionellen Merkmalsinventar Mallys (*Schriftart, Bindungsform, Unterarten der Bindungsform, Verbundenheitsgrad, Oberzeichen, Längenteilung, Schleifenform, Schriftlage, Schriftweite* und *Schriftgröße*) als messfähige Größen die letzten fünf Merkmale ausgewählt.

Für diese allgemeinen Schriftmerkmale wurden menügesteuerte Messhilfen entwickelt. Diese interaktiv gemessenen Merkmale (IGM) wurden erweitert um die Merkmale *Schleifenform, Schleifenlage, Basisovalhöhe* und *Zeilenabstand*. Für den gesamten Katalog der IGM stehen Messvorschriften zur Verfügung.

Um im Sinne der weiter oben angesprochenen Ermittlung der idealen Parameterkombination Aussagen über die Güte der IGM im Hinblick auf die Erkennungsraten machen zu können, wurden von Bross 1986 u.a. die Fragestellungen untersucht, wie die Werte der gemessenen Merkmale verteilt sind (Minimum, Maximum, Mittelwert, Standardabweichung und Häufigkeitsverteilung), wie die Merkmale untereinander korreliert sind, wie groß die Ähnlichkeiten zwischen Schriftmerkmalen identischer und verschiedener Schreiber sind und welche Erkennungsraten man beim Handschriftenvergleich mit interaktiv gemessenen Merkmalen erreicht.

Um festzustellen, mit welcher Treffersicherheit Schriftproben mittels der IGM dem richtigen Schreiber zugeordnet werden, wurden die beiden Gütekriterien ‚Erkennungsrate bei der Klassifikation' und ‚Häufigkeitsverteilungen der Ähnlichkeiten' geprüft.[1]

Für die Merkmalsauswahl wurden spezielle Verfahren zur direkten Maximierung der Erkennungsraten entwickelt, die zu folgender Bedeutungsrangreihe der Merkmale für die Trefferoptimierung führte:

| **Reihenfolge-Nr.** | **Merkmal-Nr.** |
|---|---|
| 1 | 5 = Schriftneigung |
| 2 | 2 = Oberlänge |
| 3 | 10 = Zeilenabstand |
| 4 | 4 = Schriftweite |
| 5 | 9 = Basisovalhöhe |
| 6 | 3 = Unterlänge |
| 7 | 6 = Schleifengröße |
| 8 | 1 = Schrifthöhe |
| 9 | 8 = Schleifenlage |
| 10 | 7 = Schleifenform |

*Abb. 4: Rangliste der Rohmerkmale, sortiert bezüglich maximaler Erkennungsrate*

Erweitert man den Merkmalssatz der 10 Rohwerte (maximal 70 % korrekte Zuordnungen) um die kombinierten Merkmale im Hinblick auf eine Verbesserung der Erkennungsraten, so zeigt sich, dass bei Verwendung des Nearest-Neighbour-Klassifikators die maximale Erkennungsrate von ca. 72 % bereits mit den ersten 6 der rangsortierten Merkmale erzielt wird.

Die als weitere Trennschärfetestung vorgenommenen Berechnungen ergaben, dass auch hier die *Schriftneigung* das beste Rohmerkmal darstellt. Mit dem Schriftmerkmal *Schriftneigung* allein kann die Auswahlmenge einer Recherche um ein Viertel reduziert werden. Bei Verwendung der 4 trennschärfsten Merkmale erreicht man bereits die maximale Einschränkung der Vorauswahlliste von nur noch 18 % des Gesamtbestandes. Die

1 Ähnlichkeitsmaß zwischen zwei Schriftproben waren der Euklidische Abstand oder der Betragsabstand. Die Einteilung der Stichprobe in getrennte Klassen erfolgte mit dem Nearest-Neighbour-Klassifikator und dem Nearest-Mean-Klassifikator.

maximal erzielbare Trefferquote mit Hilfe der interaktiv gemessenen Merkmale beträgt damit 82 %.

# 4 Design und Ergebnisse der neuen Studie zur Geschlechtsspezifität der Handschrift

Die Untersuchung des Geschlechtseinflusses auf die Handschrift wurde mithin mit der definitorischen Festlegung der unabhängigen Variablen begonnen. Da die Definitionen des öfteren auseinander gehen, nämlich biologisches bzw. physiologisches Geschlecht einerseits und psychologisches bzw. charakterologisches Geschlecht andererseits und letzteres nur über Attribuierungen beschreibbar ist, wurde das Geschlecht aus biologischer Sicht determiniert.

Die abhängigen Variablen (Schriftvariablen) wurden unter dem Gesichtspunkt optimierter Registriergenauigkeit festgelegt.

Es sind in der Literatur eine Reihe von Merkmalen berichtet worden, die sich mittelbar oder unmittelbar für die Diagnostizierbarkeit des Geschlechts aus der Handschrift eignen. Dabei handelt es sich teilweise um diffus-komplexe Merkmalskategorien oder stuf- und schätzbare sowie messbare Merkmale. Da Anmutungsqualitäten und stuf- wie schätzbare Merkmale eine geringere Teststärke statistischer Verfahren bedingen, wurden ausschließlich messbare Daten analysiert.

Die Verfahren der Autokorrelationsfunktion (AKF), Schwarzkettenstatistik (SKS) und Weißkettenstatistik (WKS) sind textunabhängig. Alle drei Verfahren liefern jeweils einen Merkmalsvektor mit 32 Komponenten. Sie sind allerdings nicht interpretierbar. Anders sieht es bei den interaktiv gewonnenen Merkmalen (IGM) aus, die ebenfalls einen Merkmalsvektor (der Länge 12) darstellen, gleichwohl über jedes Element interpretierbar sind.

Die anhand von digitalisierten Schriftbildern untersuchte Experimentalstichprobe bestand aus 96 weiblichen und 96 männlichen Schreibern vergleichbarer Altersstruktur. Dieses Material wurde sämtlichen angezeigten statistischen Prüfverfahren unterzogen (einfaktorielle multivariate Varianzanalyse, Diskriminanzanlyse, Faktorenanalyse, K-S-Test, Box-Test; Näheres siehe Hecker 1996). Einen weiteren wichtigen Bestandteil der

Untersuchung bildete ein Rating, bei dem diese Schriftproben 21 Schriftsachverständigen und 50 Laien zur Beurteilung der Geschlechtszugehörigkeit der Schreiber vorgelegt wurden.

Die wesentlichen Ergebnisse dieser Studie lauten, dass ein überzufälliger Einfluss des Geschlechtes auf das Schriftbild besteht. Die Ergebnisse der varianzanalytischen Berechnungen stützen den Effekt ‚Geschlecht' und zwar hochsignifikant.

Die maximale Quote richtiger Zuordnungen liegt bei 72,4 % – erzielt mit der Variablen *Autokorrelationsfunktion* – ein Wert, der sehr nahe an dem durchschnittlichen Erfolgswert über alle bisherigen einschlägigen Untersuchungen (ca. 71,5 %) liegt (Beispiele fehlklassifizierter Schriften vgl. Abb. 5a/b).

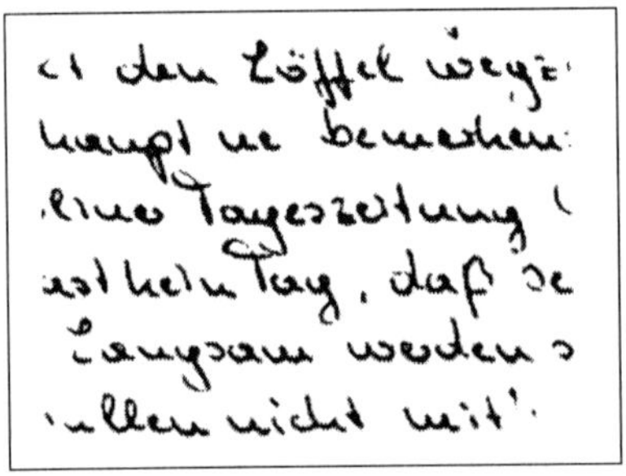

*Abb. 5a: Schrift eines Mannes (fälschlich als ‚weiblich' klassifiziert)*

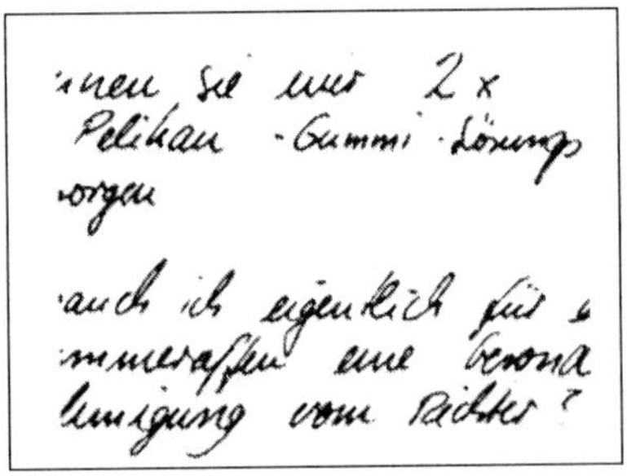

*Abb. 5b: Schrift einer Frau (fälschlich als ‚männlich' klassifiziert)*

Im Gegensatz zu der interaktiven Erfassungsweise der textsensitiven Merkmale scheint das Merkmalsextraktionsverfahren ‚AKF' einen eher ganzheitlichen Erfassungsmodus darzustellen, wie er möglicherweise der holistischen Perzeptionsweise des menschlichen Betrachters entspricht, der als Globaleindruck keinen Anspruch auf differentielle Bewusstheit hinsichtlich der Kriteriumsmerkmale der Entscheidungen erhebt. Es ist anzunehmen, dass Schriftexperten weitere, nicht ausschließlich formspezifische Schriftmerkmale in ihre Beurteilungen einbeziehen. Während die AKF die Schrift in einem festgelegten Bereich „sieht", spielen bei dem sachverständigen Analytiker möglicherweise Wertigkeiten einzelner Buchstaben, Kombinationen von Merkmalen, fallweise aber auch inhaltliche, semantische oder äußere Kriterien wie die Farbe des Schriftträgers oder des Schrifteinfärbemittels eine Rolle. Ein wichtiges Ergebnis ist in dem Umstand zu sehen, dass der Computer offensichtlich andere, möglicherweise „primitivere" Auswahlkriterien anwendet, damit aber offenbar erfolgreicher ist. So ist z.B. denkbar, dass der Beurteiler fallweise selektiver wahrnimmt und beispielsweise assoziative Einzelmerkmale mit subjektiv hohem Geschlechtserfahrungswert übergewichtet.

*Im Bereich der interaktiv gemessenen Schriftmerkmale zeigte sich, dass die Merkmale Oberlängen, Form der Oberschleifen* und *Größe der Unterschleifen* die bedeutsamste Rolle in bezug auf die Diskriminierungsleistung spielen.

Eine Gegenüberstellung der einzelnen Mustererkennungsverfahren ergab, dass die Geschlechtseffekte unterschiedlich stark auftreten. Am stärksten macht sich dieser Einfluß bei der abhängigen Variablen *AKF* bemerkbar, gefolgt von den *IGM*, der *WKS* und der *SKS*. Die Ursachen für diese Unterschiede sind aufgrund der Unanschaulichkeit der Variablen (mit Ausnahme der IGM) jedenfalls derzeit nicht interpretierbar.

Ein weiteres wichtiges Kriterium bei der vorliegenden Untersuchung war, dass sie einen direkten Vergleich zu der Zuordnungsleistung von Laien und Schriftexperten erlaubte. Hierbei zeigte sich zum einen, dass die Zuordnungsleistung von Experten diejenige von Laien nicht sehr wesentlich übersteigt, was zwei Hauptursachen haben könnte: Die insbesondere von der klassischen Graphologie beanspruchte Befähigung des „Sehenkönnens" bzw. anmutungs-qualitative Kennerschaft baute stärker auf rollenstereotypen Eigenschaftsattribuierungen auf und erlangte deshalb zu Zeiten eines weit stärker trennenden Rollenverständnisses mit auch stärker akzeptierten Rollenvorschriften (Zuchtschriften) bessere Ergebnisse. Allerdings ist einschränkend zu berücksichtigen, dass Schriftexperten in diesem Zuordnungsexperiment nicht konservative Graphologen waren, sondern gerichtliche Schriftsachverständige mit einem anderen Methodenverständnis. Möglicherweise sind heutige Schriftexperten in der forensischen Disziplin weit mehr darauf fixiert, Anmutungsqualitäten und damit einen intuitiven Zugang zur Handschrift zu unterdrücken. Die zweite Ursache kann in dem Umstand begründet liegen, dass sich die Experten im Sinne der Anweisung gerade nicht „expertenhaft" – i.e. analytisch – verhielten und unreflektiert nach dem ersten Eindruck urteilten. Daraus könnte sich erklären, dass sie keinen Vorsprung vor Laien hatten.

Zum anderen lag im Rating-Experiment die Trefferquote bei Männerschriften höher als bei Frauenschriften.

Hinsichtlich der Gesamtleistung der konkurrierenden Beurteilungsleistungen ‚Mensch'/‚Maschine' zeigte sich, dass die Leistung eines Rechners offensichtlich der des Menschen überlegen ist. Es muß dahingestellt bleiben, welcher Art die Schlüsselreize oder Beurteilermaßstäbe sind, die zu Fehlern führen. Stimuli des Inhaltes oder der äußeren Form einer Schreibleistung sind jedenfalls bei der rechnergestützten Auswertung auszuschließen.

Die in der Zuordnungsleistung am wenigsten erfolgreiche SKS entsprach der den Laien leicht überlegenen Gruppe der sachverständigen Beurteiler am besten. Hingegen wurde selbst die Bestleistung eines Einzelbeurteilers von der AKF noch deutlich übertroffen. Berücksichtigt man, dass in dem Beurteilerexperiment eine sehr starke Streuung auf Seiten der Rater auftrat, die fast an einen zufallsverteilten Treffererfolg heranreicht, so erwies sich selbst das schwächste automatische Klassifikationsverfahren als dem Rating überlegen.

Allerdings ist der nachgewiesene Effekt ‚Geschlecht' in der Handschrift bei weitem nicht so hoch, wie in früheren Untersuchungen berichtet. Dies kann verschiedene Ursachen haben, die allerdings schwer überprüfbar sind, weil viele Arbeiten zu wenige konkrete Daten über die untersuchten Stichproben enthalten, sei es in bezug auf die Auswahlkriterien der Versuchspersonen, sei es in bezug auf das Schriftmaterial selbst.

So kann es durchaus sein, dass Schriften von Schulkindern noch anderen Ausdruckskriterien unterliegen als die Erwachsener. Auch stellt sich die Frage, ob nicht gewisse Schiefen der Stichproben insoweit für hohe Trefferquoten verantwortlich sind, als Schulleistungsaspekte jeweils in den Extrembereichen die Auswahl der Probanden bestimmten. In wiederum anderen Untersuchungen könnte eine hohe Trefferquote dadurch erzielt worden sein, dass nach Schreibgewandtheitsniveau ausgesuchte Stichproben zu einer Überhöhung der Resultate führten.

Denkbar ist schließlich, dass der vielfache Umfang des untersuchten Schriftmaterials eine Rolle gespielt haben mag, obwohl einige Arbeiten von quantitativ weniger Expositionsmaterial sprechen, als es im System FISH Verwendung findet.

Nach den Ergebnissen der varianz- und faktorenanalytischen Untersuchungen existieren keine Schriftmerkmale mit geschlechtsspezifischem Ausschließlichkeitsanspruch. Vielmehr zeigte sich, dass Frauen und Männer hinsichtlich der Ausprägungsgradienten bestimmter Schriftdimensionen auf einem Kontinuum unterschiedliche, aber überlappende Ortsbereiche einnehmen. Insoweit stehen die Ergebnisse der statistischen Auswertung in Einklang mit zahlreichen in der Literatur vertretenen Auffassungen.

Männliche unterscheiden sich von weiblichen Schreibern qualitativ innerhalb derselben Merkmalskategorien, d.h. Frauen schreiben im Mittel steiler als Männer, runder und größer. Falschzuordnungen können so wohl von Beurteilern als auch von rechnergestützten Klassifikatoren – in zweierlei Form auftreten: Einmal liegen alle Ausprägungen der relevanten Merkmalskategorien im Überlappungsbereich, es handelt sich quasi um eine „geschlechts-neutrale" Schrift. Zweitens kann es sich um eine extrem polare Ausprägungsmischung handeln, der Form, dass mehrere hoch ladende Merkmale der einen Gruppe mit einem sehr hoch ladenden Merkmal der anderen Gruppe zusammentreffen. Möglicherweise liegt hierin die Ursache für die festgestellten qualitativen Unterschiede zwischen Beurteiler- und Rechnerzuordnungen. Es erscheint denkbar, dass der Beurteiler fallweise eine solche kontrastierende Extremausprägung stärker gewichtet als der Rechner und diese Prädominanz zu einer Zuweisung in die andere Schreibergruppe führt. Ob dies in der Selektivität und Perspektivität menschlicher Wahrnehmung oder dem in der Literatur immer wieder postulierten Verschmelzungsvorgang geschlechtsspezifischer (Schrift-)Eigenschaften aufgrund veränderter Geschlechterrollen in einem sich wandelnden Selbstverständnis der Geschlechter begründet liegt, ist nicht eindeutig zu klären. Sicherlich sind die unterschiedlich starken Prägungseinflüsse etwa im Sinne von Modellabhängigkeiten nur sehr schwer in ihrer Sublimation im Schriftbild zu fassen; das sogenannte „bubble writing", das experimentellen Untersuchungen zu Folge nur bei weiblichen Teenagern festgestellt wurde, aber eben nicht bei allen, ist ein solches Beispiel. Es besagt zwar, dass diese extrem großschleifige, mittelbandbetonte und steile Girlandenschrift nur bei Mädchen festgestellt wird und folglich als hochsignifikant weiblich gilt und dass sie desweiteren soziokognitiv motiviert ist, aber eben nicht auf alle Mitglieder etwa des

Klassenverbandes zutrifft. Dem stehen Feststellungen von vor 65 Jahren gegenüber, die für Internatsschülerinnen „typische" Schriften ausmachten, die genau gegenteilige „geschlechtstypologische" Merkmale aufwiesen, wie z.B. extreme Winkligkeit. Und auch hier gilt, dass diese Merkmale wiederum nicht zwingend für Schülerinnen außerhalb von Internaten (oder sogar eines bestimmten Internates) Gültigkeit haben.

Festzustehen scheint lediglich, dass sich keine biologischen bzw. physiologischen Erklärungsansätze für die geschlechtsbedingten Effekte in der Handschrift anbieten. Aufgrund der Vielzahl festgestellter Kombinationen von Ausprägungsgradienten auf Einzelmerkmalsebene erscheint ein Ursachenbündel aus Prägungseinflüssen unterschiedlichster Provenienz plausibler zu sein.

Auch scheint die Hybridentheorie nicht in jeder Hinsicht plausibel, das Zusammentreffen sog. „weiblicher" und „männlicher" Schrifteigenschaften zu erklären. Abgesehen davon, dass die selbst über semantische Differentiale gewonnenen Eigenschaftshöfe in der Übertragung auf eine Handschrift nicht hinreichend objektivierbar sind, berücksichtigt diese Theorie nicht den Einfluss von Leitbildern oder anderen Einflüssen, es sei denn, man verstünde die „psychische Geschlechtlichkeitsmischung" als die mehr oder minder starke Bereitschaft der phänomenologischen Anpassung an das jeweils andere Geschlecht. Dies erklärt aber immer noch nicht die Geschlechterpräferenz der konkreten Schriftmerkmalsausprägung.

# 5 Schlussbetrachtung

Am Beispiel der Variablen ‚Geschlecht' sollte gezeigt werden, wie problematisch die Stiftung von Zusammenhängen zwischen Handschrift- und Persönlichkeitsvariablen ist. Wenn man indessen die Annahmen der traditionellen Graphologie überprüfen will, wonach die Handschrift Träger persönlichkeitsspezifischer Merkmale sei, so erscheint es ratsam, das methodische Rüstzeug der Vielschichtigkeit der Problemstellung anzupassen.

Mustererkennungsverfahren, wie sie das Forensische Informationssystem Handschriften anwendet, haben den wesentlichen Vorteil einer weitestgehenden Auswerterunabhängigkeit. Fehlerquellen, wie geschlechtsabhängige, qualifikationsbedingte oder auf Außenkriterien beruhende Einflussgrößen treten hierbei nicht auf. Das rechnergestützte Verfahren, das offensichtlich Experten überlegen ist, arbeitet schnell und unaufwändig. Es kann riesige Datenmengen ohne Wahrnehmungs- und Einstellungsfehler bewerten und somit auch Langzeitstudien ohne großen Erhebungsaufwand ermöglichen. Neben der Verobjektivierung der Merkmalserhebung sind besonders die äußerst komfortable statistische Auswertung und damit die absicherbare Befundbewertung hervorzuheben.

## Literatur

Ben-Shakhar, G./ Bar-Hillel, M./ Bilu, Y. et al. (1986): Can Graphology Predict Occupational Success? Two experimental studies and some methodological ruminations. In: Journal of Applied Psychology 71, S. 645-653.

Bross, F. (1986): Untersuchungen zur Schreibererkennung mit interaktiv gemessenen graphischen Merkmalen. Bundeskriminalamt, Projekt FISH, Technischer Bericht. Wiesbaden.

Eden, M. (1962): Handwriting and Pattern Recognition. In: IRE trans. on Information Theory 8, S. 160-166.

Hecker, M.R. (1988): Das Forensische Informationssystem Handschriften des Bundeskriminalamts. In: 1. Europäische Tagung für Handschriftenexperten der Polizei im Bundeskriminalamt, Proceedings.

Hecker, M.R. (1993): Forensische Handschriftenuntersuchung. Heidelberg.

Hecker, M.R. (1996): Die Untersuchung der Geschlechtsspezifität der Handschrift mittels rechnergestützter Merkmalsextraktionsverfahren. Dissertation der Humboldt-Universität zu Berlin.

Hecker, M.R. (2000): Traktat über den Wissenschaftlichkeitsanspruch der forensischen Schrift Schriftvergleichung. Habilitationsschrift Leopold-Universität Breslau.

Howorka, H. (1990): Arbeiten zur kriminaltechnischen Schrift- und Dokumentenuntersuchung an der Sektion Kriminalistik der Humboldt-Universität zu Berlin. In: Mannheimer Hefte für Schriftvergleichung 16, S. 3-14.

Klages, L. (1949): Was die Graphologie nicht kann. Ein Brief. Zürich: Speer.

Lanzmann, R.M. (1966a): Analyse einiger Ergebnisse der Anwendung elektronischer Rechenautomaten für die Differenzierung hinsichtlich der Charakteristika der Bewegung ähnlicher Schriftobjekte. In: Sammlung wissenschaftlicher Arbeiten, 2. Kybernetik und Gerichtsexpertise. Vilnius.

Lanzmann, R.M. (1966b): Erkennen und Differenzieren von Schriften mit Hilfe elektronischer Rechenmaschinen. In: Selbstlernende automatische Systeme. Moskau.

Lanzmann, R.M. (1966c): Die Präzisierung der Eingabe von Schriftmerkmalen in elektronische Rechenautomaten unter Anwendung kybernetischer Untersuchungsmethoden in der kriminalistischen Schriftexpertise. In: Aktuelle Fragen der Gerichtsmedizin und Kriminalistik 49. Leningrad.

Mally, R. (1955): Der Handschriftenerkennungsdienst. BKA-Schriftenreihe, Bd. 2. Wiesbaden.

Michel, L./ Wiese, G. (1986): Zur rechtlichen und psychologischen Problematik graphologischer Gutachten. In: Neue Zeitschrift für Arbeits- und Sozialrecht 20, S. 505-510.

Ministerium des Innern (Hg. 1986): Materielle Beweismittel. Berlin.

Saudek, R. (1926): Wissenschaftliche Graphologie. München.

Stein-Lewinson, T./ Zubin, J. (1942): Handwriting Analysis. New York.

Teut Wallner / Rosemarie Gosemärker

# Schriftpsychologie – ein Überblick über Grundlagen und Möglichkeiten der Handschriftendiagnostik


## Abstract

Die Schriftpsychologie ist diejenige Teildisziplin der Psychologie, die die Entstehungsbedingungen sowie die Erfassbarkeit und diagnostische Auswertbarkeit der Handschrift erforscht. Mit Handschrift bezeichnet man die nach dem Schreibakt auf der Schreibfläche zurückgebliebene Bewegungsspur. Sie besteht aus einer großen, von Schrift zu Schrift variierenden Anzahl von graphischen Variablen. Es wird angenommen, dass diese gemeinhin unbeabsichtigt produzierten Variablen Auskünfte über die Persönlichkeit des Schrifturhebers geben können. Die so skizzierte Handschriftendiagnostik ist eine Erfahrungswissenschaft. Sie hat eine recht abenteuerliche Entwicklung durchlaufen. Das hängt wohl u.a. damit zusammen, dass ihr Arbeitsmaterial zwar nicht zum Zweck der psychologischen Auswertung angefertigt wird, aber für jedermann für eine solche jederzeit zugänglich ist. Im Schatten der wissenschaftlichen Handschriftendiagnostik tummeln sich dementsprechend viele obskure Gestalten.

In der Praxis zeigt es sich immer wieder, dass der Schriftpsychologe u.a. recht verlässliche Aussagen über Stabilität und Labilität des Schrifturhebers, seine Kontaktbereitschaft und -fähigkeit, seine Konflikt- und Stresstoleranz sowie sein Selbstgefühl und sein Arbeitsverhalten machen kann. Vorwiegend wird die Handschriftendiagnostik in der Personal- und Chefauswahl sowie in der Berufs-, Partner- und Lebensberatung verwendet. Dass sie auch bei der Dosierung von Neuroleptika verwendet werden kann, sei nur am Rande bemerkt.


## 1. Grundbegriffe

Bereits beim Aufkommen der ersten Kurrentschriften und immer aufs Neue stellten aufmerksame Beobachter in Orient und Okzident fest, dass die beobachteten Schreiber zwar durchaus leserlich, aber dennoch „verschieden" schrieben. Da es in diesen Fällen offensichtlich nicht an der Schulvorlage, am Schreibgerät, am Schriftträger oder an der Schreibunterlage liegen konnte, kam man unabhängig von einander zu dem Schluss, dass die

Ursache in der Persönlichkeit des Schreibers, näher bestimmt: In seinem Charakter, gesucht werden müsse. Entsprechende Zusammenhänge ließen sich zwar nicht immer, aber doch recht oft feststellten. Diese Gedankengänge sind die Keimzelle der Handschriftendiagnostik.

Seither ist um diese Beobachtungen herum ein großes Lehrgebäude entstanden.

Wie gross das Lehrgebäude der gesamten Handschriftendiagnostik ist, wird dem Betrachter erst recht bewusst, wenn er erfährt, dass bis heute allein in deutscher Sprache mehr als 6.500 Bücher und Aufsätze über Handschriftendiagnostik erschienen sind. Unter diesen Publikationen unterschiedlichster wissenschaftlicher Qualität finden sich mehr als 150 Doktorarbeiten und eine Vielzahl wegbereitender Forschungsberichte.

Diese Daten findet der interessierte Leser in der „Bielefelder Graphologischen Bibliographie“ von Oskar Lockowandt, die erstmals 1988 erschienen ist und seither laufend ergänzt wird. Eine nicht minder umfangreiche Zusammenstellung von Publikationen in 24 Fremdsprachen liegt inzwischen zur Veröffentlichung bereit.

Früher wurde das Fach von jedermann auf Vorschlag von Michon 1875 Graphologie genannt. Unter diesem Namen ist es weltweit bekannt. Seit mehr als einem halben Jahrhundert gibt es für das Fach aber auch noch die Bezeichnung Schriftpsychologie. Hier handelt es sich nicht um Synonyme, sondern um die Markierung wesensverschiedener Auffassungen über den Wissenschaftscharakter des Faches. Im kommenden Text präsentieren wir die moderne wissenschaftliche Schriftpsychologie und ihren historischen Hintergrund.

Wir beginnen mit einigen wesentlichen Feststellungen, Erklärungen und Definitionen.

## 1.1. Schriftpsychologische Handschriftendiagnostik

Die Handschriftendiagnostik befasst sich mit der psychologischen Auswertbarkeit der Handschrift. Sie ist eine Erfahrungswissenschaft, die aus der historischen Graphologie hervorgegangen ist wie einst die Chemie aus der Alchemie.

> *„Handschrift ist die nach vollzogenem Schreibakt auf der Schreibfläche zurückgebliebene Bewegungsspur, das Schreiben eine sich selbst protokollierende Handlung".*

„Als Handlung ist das Schreiben Gegenstand der Psychologie" (Lockowandt 2001). Der entsprechende Bereich wird Schriftpsychologie genannt.

> *„Die Schriftpsychologie gehört zum übergeordneten Bereich der Persönlichkeitspsychologie (neue Kategorie) und dem hier untergeordneten Bereich Diagnostische Psychologie. Auch Ausdruckspsychologie (veraltet), Entwicklungspsychologie sowie Testpsychologie sind der Persönlichkeitspsychologie zugeordnet, diese drei haben eine Affinität zur Schriftpsychologie, doch lassen sie sich weder über- noch unterordnen...."* (Nauer et.al. 2002a).

Alle in der Psychologie für Beurteilungsmethoden geltenden Anforderungen an Objektivität, Reliabilität und Validität – also verschiedene Formen der Zuverlässigkeit und Gültigkeit – gelten selbstverständlich und ohne Einschränkung auch für die Schriftpsychologie.

Als derart deklariertes Teilgebiet der Psychologie ist Schriftpsychologie selbstverständlich lehrbar und lernbar.

Die Schriftpsychologie kann folgendermaßen definiert werden:

> *„Schriftpsychologie ist diejenige Teildisziplin der Psychologie, die die Entstehungsbedingungen sowie die Erfassbarkeit und diagnostische Auswertbarkeit der Handschrift erforscht" (Wallner 2001b).*

Eine etwas anders aufgelegte Definition stammt von Nauer et.al. 2002b:

> *„Schriftpsychologie ist die wissenschaftliche Bedeutungslehre des handschriftlichen Ausdrucks oder Erscheinungsbilds. Sie ist die Anwendung von psychologischen Betrachtungsweisen und Theorien auf die Handschrift."*

Der Vollständigkeit halber sei schließlich auch noch der Begriff *Graphometrie* angeführt. Er wird in der Fachliteratur für die quantitative Erfassung aller Handschriftenvariablen und für experimentelle schriftpsychologische Forschung verwendet (Wallner 2001b).

Die eben vorgelegten Definitionen (Ausnahme: *Graphometrie*) wurden kürzlich von der *Arbeitsgemeinschaft für wissenschaftliche Schriftpsychologie* (AwS), einer über Länder- und Schulgrenzen hinweg lose zusammengeschlossenen Arbeitsgemeinschaft von progressiven Fachleuten, zwecks Vereinheitlichung der Terminologie zum allgemeinen Gebrauch empfohlen. Bisher gab es nämlich in der Handschriftendiagnostik für jeden zentralen Begriff fast so viele Definitionen wie es Lehrbuchverfasser gab. Und Laien antworten zum Beispiel heute noch auf das Reizwort *Handschriftendiagnostik* meist mit dem altüberkommenen Wort *Graphologie*. Was ist nun Graphologie, und worin unterscheidet sie sich von der Schriftpsychologie?

## 1.2. Graphologische Handschriftendiagnostik

Angelika Seibt definiert *Graphologie* in ihrem Werk „Schriftpsychologie" 1994 folgendermaßen:

> *„Die Graphologie deutet die Handschrift, um etwas über den Charakter des Schreibers auszusagen"* (Seibt 1994).

Die sodann von Seibt näher beschriebene Graphologie unterscheidet sich von der oben definierten Schriftpsychologie grundsätzlich in ihrem Wissenschaftsverständnis. Bei näherem Hinsehen erkennt der kritische Beobachter, dass die Vertreter dieser Graphologie in der Argumentation für ihr Fach teilweise aus dem Irrationalen schöpfen. So reden sie der Anwendung von Intuition (im Sinne von Eingebung) als wissenschaftlichem Arbeitsinstrument ernsthaft das Wort und berufen sich wortgewandt auf ihre „Kennerschaft" als Gültigkeitskriterium für ihre Methode. Für viele von ihnen ist Handschriftendiagnostik nicht oder nicht nur Wissenschaft, sondern eine (hohe) Kunst, die auszuüben besonderer Begabung bedarf. Zur Beurteilung einer Persönlichkeit wird keine weiteren Methode benötigt, die Handschrift allein genügt. Und vor allem: Die Gültigkeit der graphologischen Methode braucht nicht nachgewiesen zu werden. Sie ist evident. All dies wird zudem in populärer Aufmachung immer aufs Neue über den Büchermarkt unters Volk gebracht.

Wenn im Folgenden von *Graphologen* gesprochen wird, dann sind also nur die Vertreter und Anhänger der eben geschilderten pseudowissenschaftlichen Gilde gemeint. Wegen ihres starren Festhaltens an wissenschaftlich nicht mehr vertretbaren Anschauungen werden sie von Wallner 2002 *Fundamentalistische Graphologen* und ihre Richtung dementsprechend *Fundamentalistische Graphologie* genannt (Abb.1).

**ENTWICKLUNG DER HANDSCHRIFTENDIAGNOSTIK**

**Historische Graphologie**
ab ca.1600 bis ca.1950
|
danach immer markantere Aufspaltung in
< >
<<< >>>
<<< >>>

**Schriftpsychologie mit Graphometrie** | **Fundamentalistische Graphologie**

*Abb. 1: Die Entwicklung der Schriftpsychologie aus der historischen Graphologie*

Allerdings müssen wir auf ein Kuriosum hinweisen:

Obwohl der Begriff *Graphologie* seinen guten Klang in der akademischen Psychologie aus den eben genannten Gründen schon längst verloren hat, wird er vor allem von Schweizer Schriftpsychologen aus für uns unerfindlichen Gründen – vielleicht aus Pietät, aus Nostalgie oder auch nur aus reiner Gewohnheit – bedauerlicherweise immer noch in Wort und Schrift für die Methode verwendet. Andererseits bezeichnen sich trendbewusste Fundamentalisten gerne als Schriftpsychologen. Nach dem eben Gesagten dürfte es einem kritischen Beobachter nicht sonderlich schwer fallen, den wissenschaftlichen Weizen von pseudowissenschaftlicher Spreu zu trennen.

## 1.3. Ziel und Dilemma der psychologischen Handschriftendiagnostik

Der Zweck des Schreibens ist für den Schrifturheber einzig das Bedürfnis, den flüchtigen Gedanken entweder für sich selbst festzuhalten oder ihn anderen Menschen, eventuell auch kommenden Generationen, zu übermitteln.

Das Fach nimmt nun für sich in Anspruch, aus einer Schriftprobe – über den Mitteilungsgehalt der Schriftprobe hinaus – auch Persönlichkeitseigenschaften des Schrifturhebers zu erkennen und zu beschreiben. Dass

Derartiges möglich ist, ist das Thema dieses Aufsatzes und möge vorerst einmal gelten.

Das Dilemma der Handschriftendiagnostik besteht nun darin, dass das einmal Geschriebene von jedem, der es in die Hände bekommt, einer psychologischen Beurteilung unterzogen werden kann. Dazu bedarf es keiner Ausbildung. Man braucht nicht einmal zu wissen, dass es eine regelrechte Wissenschaft gibt, die die psychologische Auswertung der Handschrift zum Thema hat. Man stellt angesichts einer Schrift ganz einfach fest, dass der Schreiber *nervös, fahrig* oder *recht ordentlich* zu sein scheint oder es gar ist. Und derartige Urteile können durchaus zutreffend sein. Das ist auch nicht verwunderlich: Was der Laie hier verwendet, ist seine Fähigkeit zur Urteilsbildung über die von ihm im täglichen Leben gesammelten Erfahrungen und Beobachtungen an menschlichen Handlungen, in diesem Falle der in der Handschrift spontan erfassten graphischen Gegebenheiten.

Mit dieser Form von Laiendiagnostik müssen sich die Fachleute wohl oder übel abfinden. Gelegentlich ist es sogar nur zu begrüßen, wenn beispielsweise ein Lehrer oder Vorgesetzter bei einem Schüler oder Mitarbeiter Anzeichen oder sich entwickelnde Anzeichen von Störungen oder Gestörtheit der Schrift beobachtet und danach angemessene Schritte unternimmt. Zu schwerwiegenden Folgen kann es jedoch führen, wenn ein unqualifizierter Gutachter seine Erkenntnisse unkritisch-ungehemmt an andere weitergibt oder gar kommerzialisiert. Es sei in diesem Zusammenhang nur am Rande bemerkt: Es gibt unseres Wissens keine andere wissenschaftliche Methode, die einen längeren Rattenschwanz von Pseudowissenschaftlern und Scharlatanen hinter sich herzieht als die Handschriftendiagnostik.

Hier stellt sich unmittelbar die *Frage* ein: Was unterscheidet denn nun die Schriftpsychologie von der Laiendiagnostik aller Arten und Schattierungen?

*Antwort:* Sie hat ein wissenschaftliches Fundament. Sie basiert – wie jede andere Wissenschaft – auf Hypothesen, deren Gültigkeit nachgewiesen werden muss.

## 1.4. Die Grundhypothesen der Schriftpsychologie

Die Schriftpsychologie kann sich mit vier Grundhypothesen begnügen. Die folgende Beschreibung dieser Hypothesen entnehmen wir dem „Lehrbuch der Schriftpsychologie“ von Wallner 1998, in dem das wissenschaftliche Fundament einer zeitgemäßen Schriftpsychologie eingehender behandelt wird.

### *Grundhypothese 1*

ALS HANDSCHRIFT BEZEICHNET MAN DIE NACH VOLLZOGENEM SCHREIBAKT AUF DER SCHREIBFLÄCHE ZURÜCKGEBLIEBENE SPUR. SIE IST DAS ERGEBNIS EINER MENSCHLICHEN HANDLUNG.

Diese Hypothese ist eigentlich eine Definition. Sie dient der Einordnung in das System der Wissenschaften.

### *Grundhypothese 2*

JEDE HANDSCHRIFT BESTEHT AUS EINER GROßEN ANZAHL WEITGEHEND UNABHÄNGIG VONEINANDER VARIIERENDER GRAPHISCHER VARIABLEN, DIE OBJEKTIV ERFASSBAR SIND.

Die einzelnen Komponenten der Handschrift werden *graphische Variablen* genannt, weil sie

- unter sich verschieden sind,
- von Schreiber zu Schreiber variieren und sich
- bei ein und demselben Schrifturheber im Laufe der Zeit - meist langsam und fast unmerklich - verändern.

### *Grundhypothese 3*

DIE IN EINER HANDSCHRIFT REGISTRIERBAREN GRAPHISCHEN VARIABLEN ERSCHEINEN IN GLEICHER AUSPRÄGUNG IN ALLEN VOM SELBEN SCHRIFTURHEBER GLEICHZEITIG PRODUZIERTEN SCHRIFTPROBEN.

### *Grundhypothese 4*

AUFGRUND VON HANDSCHRIFTENVARIABLEN, IHREN TEILEN (EINZELNEN AUSPRÄGUNGSGRADEN) ODER SYNDROMEN VON DERARTIGEN VARIABLEN UND/ODER VARIABLENTEILEN LASSEN SICH VALIDE AUSSAGEN ÜBER DIE PERSÖNLICHKEIT DES SCHRIFTURHEBERS ERSTELLEN.

Der Gültigkeitsnachweis für diese Hypothese ist für die Anerkennung der Schriftpsychologie als wissenschaftliche Methode entscheidend. Es sei schon hier festgestellt, dass die Schriftpsychologie in diesem Punkte gegenwärtig ein großes Defizit aufzuweisen hat. Auf die Frage nach der Zuverlässigkeit und Gültigkeit schriftpsychologischer Aussagen kommen wir später zurück.

## 1.5. Der Arbeitsbereich der Schriftpsychologie

Das eigentliche Arbeitsgebiet der Schriftpsychologie umfasst vor allem folgende Momente:

- Definition der graphischen Variablen (also der Bestandteile der Handschrift)
- Feststellung der Objektivität der graphischen Variablen
- Erstellung und Überprüfung von Auswertungshypothesen für diese Variablen
- Festlegung von Auswertungsmöglichkeiten (z.B. in Form von Tabellen)
- Ermittlung des „graphischen Tatbestandes" im einzelnen Falle (d.h. welche Variablen kommen in einer gegebenen Handschrift vor)
- Feststellung primärer Befunde (also Grundeigenschaften und Eigenschaften) im einzelnen Falle
- Feststellung von Reliabilität und Validität solcher Befunde

Alle übrigen Arbeitsmomente fallen vor allem in das Gebiet der Diagnostischen Psychologie.

Auf wesentliche Bereiche wird im Folgenden an passender Stelle näher eingegangen.

## 1.6. Die graphischen Variablen

Was mit der Bezeichnung *„graphische Variablen"* gemeint ist, wurde oben (Arbeitshypothese 2) bereits erklärt. Wie aus dem Gesamt der Arbeitshypothesen hervorgeht, ist die exakte Erfassung der graphischen Variablen eine unabdingbare Vorbedingung für die wissenschaftliche Handschriftendiagnostik. Vor jeder weiteren Betrachtung gilt es daher, zuerst einmal festzustellen, welche Bestandteile sich an der Handschrift überhaupt unterscheiden lassen und wie diese sinnvoll geordnet werden können, zumal sich ihre Anzahl bei näherem Zusehen als praktisch unbegrenzt erweist.

Ein umfassendes *System der Handschriftenvariablen* wurde erstmals 1959 von Wallner vorgelegt. Eine Zusammenfassung findet sich in dem bereits genannten Lehrbuch von Wallner 1998. Nochmals ausführlich behandelt und um Vorschläge zur elektronischen Registrierung bereichert wird das Thema im Band 4 des von Peter Rück 1999 herausgegebenen Werks „Historische Hilfswissenschaften. Methoden der Schriftbeschreibung".

Der hier wesentliche Teil des Systems ist folgender:

Es lassen sich zwei Kategorien von graphischen Variablen unterscheiden, die sich ihrerseits in zwei Untergruppen aufteilen lassen:

1. *DIE GRUNDVARIABLEN.* Sie werden so genannt, weil sie in jeder Handschrift vorkommen. Sie sind stufbar und stets quantitativer Art. Sie können aufgeteilt werden in

1.1. *EINZELMERKMALE.* Diese sind die Elemente oder Bausteine der Handschrift. Auch dem Laien bekannt sind z.B. *Größe, Schrägheit und Zeilenabstand.* Eine vorbildliche Darstellung der Einzelmerkmale bieten Müller/Enskat 1993.

1.2. *GANZHEITSQUALITÄTEN.* Bei den Ganzheitsqualitäten handelt es sich um Variablen, die das Erscheinungsbild der gesamten Handschrift bestimmen. Zu diesen gehören u.a. *die verschiedenen Formen des Schreibrhythmus und der Spannungsgrad der Schrift.* Im „Handschriftenatlas - Ganzheitsqualitäten" (Wallner 2001a) werden 28 der gebräuchlichsten Ganzheitsqualitäten in Wort und Bild dargestellt.

Darüber hinaus gibt es einige Einzelmerkmale und Ganzheitsqualitäten, die nur von ihren Autoren genannt und verwendet werden. Je nachdem, welche dieser Variablen man in die Rechnung einbezieht, schwankt die Gesamtzahl der Grundvariablen. Sie ist auf jeden Fall begrenzt und kann mit 50 bis 60 beziffert werden.

2. *DIE WAHLVARIABLEN.* Sie werden so genannt, weil sie von der bewussten oder unbewussten Wahl des Schrifturhebers abhängen. Entweder sind sie in einer Schrift vorhanden oder nicht. Wahlvariablen sind also dichotomisch und zudem stets qualitativer Art. Sie können aufgeteilt werden in

2.1 *DIE EINDRUCKSCHARAKTERE.* Die Eindruckscharaktere sind *Erscheinungseigenschaften*, die dem Betrachter unmittelbar aus der Handschrift entgegentreten. Der Betrachter kann die Eindrücke mit Begriffen wie *lebendig, dynamisch, gekünstelt* verbalisieren. Diese Freiheit zum Assoziieren bringt es mit sich, dass fast jedes Adjektiv zur Schriftbeschreibung verwendet werden kann. Im „Handschriftenatlas - Eindruckscharaktere"

(Wallner 2000) werden an 50 Schriftproben in über 2 300 Beispielen mehr als 400 gebräuchliche Eindruckscharaktere demonstriert.

2.2 *Die Besonderheiten.* Besonderheiten sind stets *Dingeigenschaften.* Sie ergeben sich bei der Abweichung von der Norm. Sie lassen sich in Gruppen und Untergruppen einteilen (Wallner 1999). Als Beispiel mögen hier die für jedermann an einer Schrift leicht erkennbaren *willkürlichen Veränderungen an Wortanfängen und -enden, bestimmten Buchstaben und Wörtern* dienen. Ihre Anzahl ist unbegrenzt.

## 2. Die psychologische Auswertung der Handschrift

Spätestens an dieser Stelle wird der geduldige Leser eine nähere Beschreibung des Auswertungsverfahrens erwarten. Wir können diesem Wunsche bedauerlicherweise nicht nachkommen: Es gibt nämlich kein Verfahren, das allgemein anerkannt und ausgeübt wird. Eine Durchsicht der auf dem Büchermarkt angebotenen und der in der älteren Fachliteratur empfohlenen und heute noch angewendeten Methoden ergibt vielmehr ein bunt schillerndes Angebot von seriösen historisch-graphologischen und schriftpsychologischen Auswertungsverfahren. Das ist geschichtlich bedingt. Wir wollen daher die Entwicklung der Handschriftendiagnostik von den schlichten Anfängen bis in unsere Tage an geschichtlich bedeutsamen Beispielen schildern, um am Ende ein wissenschaftlich vertretbares Auswertungsmodell vorzustellen.

### 2.1. Die Geschichte der Handschriftendiagnostik

Kaum eine andere wissenschaftliche Methode hat eine so abenteuerliche Entwicklungsgeschichte durchlaufen, wie die Handschriftendiagnostik. Das wohl merkwürdigste an ihrer Geschichte ist, dass sie sich über Jahrzehnte hinweg mehr oder weniger außerhalb der Universitäten entwickelt hat. Viele ihrer in der Öffentlichkeit auftretenden Vertreter waren und sind zum Teil heute noch schwärmerische Autodidakten. Der Geltungsanspruch für die Methode wurde und wird daher heute noch völlig unkritisch und unangemessen überzogen. Es ist daher verständlich, dass die Handschriftendiagnostik schon zu allen Zeiten von vielen Außenstehenden mit großer Skepsis betrachtet wurde.

Um den Leser nicht mit allzu vielen Einzelheiten zu belasten, wollen wir im Folgenden nur die Vertreter des Faches namhaft machen, die vor allem in der deutschsprachigen Welt in den Vordergrund getreten sind. (Die Entwicklung im Ausland und vor allem in den USA ist ein trauriges Kapitel für sich.) Wer sich in die Geschichte der Handschriftendiagnostik vom Anbeginn bis in die Mitte des 20. Jahrhunderts vertiefen will, der sei auf das heute noch lesenswerte Buch „Graphologie gestern und heute“ von Müller/Enskat 1951 verwiesen.

Die erste verbürgte Abhandlung über Handschriftendiagnostik wurde von Camillo Baldi, einem italienischen Arzt, vorgelegt. 1622 veröffentlichte er eine Schrift mit dem Titel „Trattato dei Segni delle Littere“. Das für die Handschriftendiagnostik interessanteste Kapitel wurde erstmals von Knobloch 1964 ins Deutsche übertragen. In diesem Kapitel werden Form-, Raum- und Bewegungskomponenten der Handschrift beschrieben und nach Analogieschlüssen gedeutet. Diese Art der Auswertung wird heute noch praktiziert – allerdings unter kontrollierteren Formen als dazumal. Baldis Aufsatz muss damals in den gebildeten Kreisen Europas recht große Beachtung gefunden haben, denn er wurde 1664 von Pietro Velli ins Lateinische übersetzt. Das Werk geriet jedoch bald in Vergessenheit.

Der verloren gegangene Faden wird erst mehr als ein Jahrhundert später auf Anregung von Goethe vom Schweizer Pfarrer und Schriftsteller Johann Kaspar Lavater in seinen „Fragmenten“ (1775) wieder aufgenommen. Für Lavater bilden Schriftcharakter und Schreibercharakter eine Einheit. Er beschreibt die Schrift, meint aber den Schreiber. Lavaters Texte wurden Anfang des 19. Jahrhunderts ins Französische übertragen. Im Zusammenhang damit verlagert sich der Schwerpunkt des Faches nach Frankreich.

Ein Jahrhundert nach Lavater tat der französische Abbé Jean Hippolyte Michon einen entscheidenden Schritt in Richtung auf ein regelrechtes Auswertungssystem. Er veröffentlichte es unter dem Titel „Système de Graphologie“ (1875). In mühevoller, sich über Jahrzehnte erstreckende Kleinarbeit hatte er nach Zusammenhängen zwischen einzelnen Handschriftenvariablen und Persönlichkeitseigenschaften gesucht. „Fand er etwa an der Schrift von eigensinnigen Menschen immer wieder eckige Formen, so setzte er Ecken = Eigensinn, ohne sich darum zu kümmern, warum wohl der Eigensinnige eckig schreibe“ (Müller/Enskat 1951). Er stellte Zusammenhänge zwischen Charaktereigenschaften und einzelnen Besonderheiten fest, die er *signes fixes* nannte. Diese schlichte Art der Auswertung wird – aus heutiger Sicht und abwertend – *Zeichendeuterei* genannt. Damals war es zweifellos ein Schritt vorwärts.

Das große Verdienst Michons ist jedenfalls, dass er der Handschriftendiagnostik eine festere äußere Form und einen eingängigen Namen gegeben hat. Außerdem hat er der wissenschaftlichen Nachwelt eine Fülle von zu überprüfenden Hypothesen hinterlassen.

Seine Schüler haben versucht, die sich als unhaltbar erweisenden Thesen ihres Meisters zurechtzurücken. Schon Crépieux-Jamain erkannte, dass die Handschriftenvariablen nicht nur eine, sondern mehrere Bedeutungen haben müssten. Aber da war das Unglück schon geschehen: Michons eingängige Anweisungen zur Zeichendeuterei hatten bereits weltweit Anklang gefunden und gehörten der Fama nach in besseren Kreisen zur Salon-Unterhaltung.

Am Anfang des 20. Jahrhunderts betrat ein Mann namens Ludwig Klages (1872-1926) die Szene. Er entwickelte sich sehr bald zum einflussreichsten Graphologen seiner Zeit. Eigentlich war er Chemiker, wechselte dann aber zur Philosophie über. Dort ist er als einer der Hauptvertreter der irrationalistischen Lebensphilosophie bekannt. Sein philosophisches Hauptwerk hat den Titel: „Der Geist als Widersacher der Seele“. Die dort entwickelten Gedankengänge haben grossen Einfluss auf die Entwicklung seiner Lehre gehabt. Klages stellt ein für allemal fest, dass jedes Einzelmerkmal nicht nur *eine* Bedeutung hat, sondern dass alle Merkmale der Schrift mehrdeutig sind. Zur Bedeutungsfindung stellt er zwei Prinzipien auf: das *Ausdrucksprinzip* und das *Darstellungsprinzip*. In welcher Richtung die Deutung jeweils zu laufen hat, wird durch das von ihm postulierte Formniveau bestimmt. Das *Formniveau* ist umso höher anzusetzen, als die Schrift von „Lebensfülle“ (= Seele) geprägt ist.

Bei einer *großen Schrift* würde bei *hohem Formniveau Begeisterungsvermögen* anzusetzen sein, bei *kleiner Schrift Wirklichkeitssinn*. Bei *niedrigem Formniveau* liegt nach Klages bei *Größe* ein *Mangel an Wirklichkeitssinn* vor, bei *Kleinheit* ein *Mangel an Begeisterungsvermögen*. Die fundamentalen Thesen seiner Lehre (also die Prinzipien und das Formniveau) werden immer noch gelehrt, obwohl sie sich mehr und mehr als unhaltbar erweisen.

Unter anderem wird von der Kritik angeführt, dass durch die Feststellung des Formniveaus im Voraus eine Wertung der Schrift vorgenommen wird. Das ist unstatthaft. Zum Ausdrucksprinzip stellt Oskar Lockowandt 1995 fest, dass die *Handschrift nicht Ausdruck der Persönlichkeit* sein kann. „Durch die Leibfremdheit ihres Werkmaterials sowohl wie durch den ‚personabgelösten Ergon-Charakter' (Werkselbständigkeit) unterscheidet sich die Handschrift vom menschlichen Ausdruck".

Klages' unumstrittenes Verdienst um die Handschriftendiagnostik besteht darin, dass er die Methode aus dem Zeitalter der Zeichendeuterei herausführte und stattdessen ein umfassendes graphologisches Lehrgebäude errichtete. Ohne ihn ist die moderne Schriftpsychologie kaum denkbar. Indem er aber jede Weiterentwicklung der Methode blockierte, ist er gleichzeitig der „Vater der Fundamentalistischen Graphologie": Die Ideen bedeutender Forscher werden von ihm in Fußnoten abgefertigt. Der eklatanteste Fall dürfte die schroffe Ablehnung der Thesen Rudolf Pophals sein. Von diesem werden wir sogleich näher berichten.

Zunächst jedoch die Nennung eines anderen Forschers, der im Schatten des großen Klages lebte und daher nicht zur Geltung kam, und den wir an dieser Stelle für seine Verdienste würdigen wollen: Wir meinen Joachim-Friedrich von Foerster. In seiner Doktorarbeit (1927) diskutiert er zum ersten Mal in der Geschichte der Handschriftendiagnostik, wie Handschriftenforschung betrieben werden müsste. Er beschreibt systematisch verschiedene Verfahrensweisen für die Registrierung von Handschriftenvariablen und für Zuverlässigkeitsuntersuchungen. Um zu zeigen, wie derartige Kontrollen durchgeführt werden müssten, verwendet er selbst in seinen Untersuchungen zum ersten Male statistische Korrelationsmethoden. Damit hat Foerster – ohne es zu ahnen – den *Grundstein für die heutige Schriftpsychologie gelegt.* Hätte die Fachwelt die Ideen und Vorschläge Foersters aufgegriffen, wäre die Handschriftenforschung schon damals auf das rechte Gleis gekommen. Aber zu der Zeit wurden die Weichen von Klages und seinen Jüngern gestellt.

In dem von Avé-Lallemant 1989 herausgegebenen Band „Die vier deutschen Schulen der Graphologie: Klages, Pophal, Heiss, Pulver" werden drei Forscher vorgestellt, die sich neben Klages behaupten konnten.

Rudolf Pophal kam über die Hirnforschung zur Handschriftendiagnostik. Aufgrund seiner Leistungen erhielt er nach dem Zweiten Weltkrieg in Hamburg den einzigen Lehrstuhl für Graphologie, der in Deutschland jemals vergeben wurde. Er postuliert die Rückführung der persönlichen Schreibbewegung auf möglichst einfache bewegungsphysiologische Gesetzmäßigkeiten (Hauptwerk: 1949). Darüber hinaus erweitert er seinen Deutungsansatz auf die die Innervation auslösenden Hirnzentren. „Die Bedeutung der Eigenart einer Ausdrucksbewegung entspricht der Funktion, dem ontogenetischen und dem schichtsystematischen Standort der die Bewegung auslösenden Gehirnzentren". Das Wesentliche ist die Entsprechung zwischen Hirnschichten und seelischen Schichten, was in die bisher unwidersprochene Aussage führt: Handschrift ist Gehirnschrift. Von diesem Sachverhalt kann sich jeder dadurch überzeugen, dass er seine Unterschrift in den Sand oder auch nur in Gedanken mit dem Fuß schreibt und das Ergebnis mit seiner normalen Unterschrift vergleicht.

Auch wenn die moderne Hirnforschung Pophals Ableitungen nicht mehr voll folgen kann, so hat sie doch noch keine bessere Ableitung zu der Frage „wie kommt der Charakter in die Handschrift" geboten. Die von Pophal vor mehr als einem halben Jahrhundert in die Handschriftendiagnostik eingeführten Spannungsgrade (früher: Versteifungsgrade) sind für den Schriftpsychologen auch heute noch wesentliche Hilfsmittel in der Schriftanalyse.

Der zweite bedeutende Forscher, der sich neben Klages Geltung verschaffen konnte, war Robert Heiss. Seit 1943 ordentlicher Professor, hatte er nach dem Ende des Zweiten Weltkriegs eine Professur in Psychologie an der Universität Freiburg im Breisgau inne. An seinem Institut sollte nach seinem Willen vor allem psychologische Diagnostik betrieben werden. Dazu gehörte für ihn auch die Handschriftendiagnostik. Als Begründer der später sogenannten *Freiburger Schule* führte er eine viersemestrige, für die Studierenden der Psychologie obligatorische Ausbildung in Handschriftendiagnostik ein. Dieser Studiengang war damals einzigartig und ist es auch geblieben.

Sein Engagement für die Handschriftendiagnostik trug dementsprechende Früchte: Unter seiner Ägide entstanden mindestens 15 Dissertationen zum Thema Handschrift, die spätestens ab 1961 graphometrische Validitätsuntersuchungen zum Inhalt hatten. Eine ausführliche Schilderung der Freiburger Schule und des speziellen Lehrguts von Heiss – wie zum Beispiel seine Einteilung der *Eindruckscharaktere* in solche *der Bewegung, des Raumes und der Form* und die *Beschreibung von Wechselmerkmaligkeit* und *Verlaufsgestalt in der Handschrift* – bietet Oskar Lockowandt 1998a, der selbst Heiss-Schüler war.

Der dritte Forscher, der eigene Wege ging, war Max Pulver. Sein Hauptwerk hat den Titel „Symbolik der Handschrift" (1931). Es wurde in 7 Auflagen in insgesamt 20.000 Exemplaren gedruckt. Es ist schwer zu sagen, was dieses Werk in der breiten Öffentlichkeit so populär gemacht hat. Es scheint die „manchmal etwas schillernd wirkende Form" der Darstellung (Müller/Enskat 1951) gewesen zu sein. Müller/Enskat (e.d.) fahren fort: „Für die Entwicklung der Graphologie besteht Pulvers Bedeutung unseres Erachtens darin, dass er das Klagessche Monopol brach und einem wirklichkeitsgemäßeren Menschenbild den Weg ebnete."

Die Pulversche Methode wird von einigen Handschriftendiagnostikern noch heute angewendet. Auch für die übrigen Schriftpsychologen dienen seine Werke gelegentlich als Inspirationsquelle.

Es gibt aber noch eine weitere, von Avá-Lallemant 1989 nicht genannte, aber bereits in den 30er Jahren des vergangenen Jahrhunderts von Wilhelm Helmut Müller und Alice Enskat gegründete *Berliner Schule*, die sich gegen Klages und seine Adepten behaupten konnte. Meist werden die beiden Begründer der Berliner Schule schlicht „Müller-Enskat" genannt. Ihr auch außerhalb des engen Fachkreises als Standardwerk der Schriftpsychologie apostrophiertes Lehrbuch hat den Titel „Graphologische Diagnostik. Ihre Grundlagen, Möglichkeiten und Grenzen" (1. Aufl. 1961; 4. Aufl.1993). Im Klappentext zur zweiten Auflage (1973) heißt es: „Das Kernstück des Buches, die Entwicklung einer lehrbaren graphologischen Methode, ist geblieben; die empirischen Grundlagen des Gebiets werden aufgezeigt, die Schriftentstehung und der Schreibvorgang mit ihren vier Kategorien der Bewegung, der Form, des Raumes und der Zeit als Ausgangspunkte in den Mittelpunkt gestellt, und die bisherige Methodengeschichte wird kritisch gesichtet. Die sich daraus ergebenden Aspekte führen zu einer sachlich vertretbaren Einsicht in die Möglichkeiten und Grenzen der Handschriftenanalyse. Die daraus abgeleitete Methode ist unbelastet von irgendwelchen vorgeschalteten Persönlichkeitsmodellen und gleichzeitig beweglich genug, um unter den verschiedensten Fragestellungen angewendet zu werden."

Von der zweiten Auflage an hat das Werk zudem einen Anhang von Oskar Lockowandt. Mit diesem Anhang ist es das einzige Lehrbuch über Handschriftendiagnostik, das über die wichtigsten Methoden und Daten statistischer Kontrolluntersuchungen, also über Objektivität, Zuverlässigkeit und Gültigkeit der Methode, berichtet.

Mit der Schilderung des Arbeitsganges einer nach Müller-Enskat ausgeführten Analyse wollen wir endlich eine wissenschaftlich vertretbare Auswertungsmethode vorstellen.

## 2.2. Auswertungsgang nach Müller-Enskat (M-E)

### *1. Materialkritik*

Jede Schriftprobe, die zu einer psychologischen Auswertung verwendet werden soll, muss bestimmten Mindestanforderungen an Umfang, Qualität, Format etc. erfüllen. Die Probe wird also zu allererst daraufhin beurteilt, ob sie diesen Anforderungen entspricht. Nur wenn dies der Fall ist, wird mit der Auswertung begonnen.

### *2. Ermittlung des graphischen Tatbestandes.*

Die eigentliche Arbeit beginnt mit der Ermittlung des so genannten graphischen Tatbestandes, also der Erfassung aller in der Schriftprobe vorkommenden graphischen Variablen. Um dies zu erleichtern, haben M-E ein *Vorarbeitenblatt* (Abb. 2) entwickelt. Auf diesem trägt der Beurteiler alle relevanten Daten ein. Somit erhält man einen Rahmenbefund.

Erst wenn die Registrierung der graphischen Variablen abgeschlossen ist, darf mit der psychologischen Auswertung des Rahmenbefundes begonnen werden.

## Vorarbeitenblatt

Gruppierung der Variablen nach deutungstechnischen Gesichtspunkten

### *A. Qualitativ beschreibbare Variablen (Ganzheitsmerkmale)*

I. Verhältnis von Bewegung und Form (Erworbenheit, Echtheit)

II. Versteifungsgrad (Spannungsbefund, Elastizität)

III. Rhythmus (Wiederkehr des Ähnlichen und Polarität von Bewegung, Form und Raum

IV. Eigenart (Abweichung von der Schulvorlage)

V. Einheitlichkeit (Störungen des Ablaufes, der Formgebung und der Raumbehandlung)

### *B. Quantitativ stufbare Variablen (Einzelmerkmale)*

| **Graphische Eigentümlichkeiten und allgemeine Bedeutungen der fünf Variablengruppen** | **Variablenregistrierung Ausgeprägtheit und Schwankungsbreite** |
|---|---|
| Ia) Tempo und Umfang der Bewegung. Mitbeachten: Weite und Längenunterschiede<br>Ib) Formenverminderung und Formenvermehrung. Mitbeachten: Bindungsform, Neigungswinkel, Gegliedertheit<br>Bedeutung: Vorherrschaft von Verstandes- oder Gefühlsbegabungen und -betonungen | Langsamkeit - - - - - - - - - - Eile<br>Unverbundenheit - - - - - - - Verbundenheit<br>Kleinheit - - - - - - - - - - - - Größe<br>Vereinfachung - - - - - - - - Bereicherung<br>Magerheit - - - - - - - - - - - - Völle<br>Schärfe - - - - - - - - - - - - - - Teigigkeit |
| IIa) Wucht und Steuerung der Bewegung. Mitbeachten: Längenteilung und linksläufige Bremsungen oder rechtsläufige Lösungen<br>IIb) Festigkeit und Profiliertheit der Formen. Mitbeachten: Schärfe - Teigigkeit, Arkade - Girlande<br>Bedeutung: Stabilisierung der Haltungen und Wertungen | Breitfeder- kein<br>wechselzug - - - - - - - - - - - Breitf.w.zug<br>Reibungs- Reibungs-<br>Druckstärke - - - - - - - - - - - Druckschwäche<br>Regelmäßigkeit - - - - - - - - Unregelmäßigk.<br>Doppelbogen<br>Winkel - - - - - - - - - - - - - - Faden<br>Enge - - - - - - - - - - - - - - - - Weite |
| IIIa) Bewegungsrichtungen. Mitbeachten: Verbundenheitsgrad, Enge-Weite und Längenteilung<br>Bedeutung: Introversion - Extraversion, Interessenrichtungen<br>IIIb) Form im Raum. Mitbeachten: Gruppe IV<br>Bedeutung: Zurückhaltung - Zuneigung | Arkade - - - - - - - - - - - - - - Girlande<br>Linksläufigkeit - - - - - - - - - Rechtsläufigk.<br>Linksschrägheit - - - - - - - - Rechtsschrägh. |

| **Graphische Eigentümlichkeiten und allgemeine Bedeutungen der fünf Variablengruppen** | **Variablenregistrierung Ausgeprägtheit und Schwankungsbreite** |
|---|---|
| IVa) Zonenbetonungen. Mitbeachten: Größe und Kleinheit<br>Bedeutung: Schichtspezifische Motivationen<br>IVb) Stellenbetonungen. Mitbeachten: Größe und Kleinheit, Unterschrift, Briefumschlag<br>Bedeutung. Ichbewusstsein - Selbstgefühl - Darstellungstendenzen<br>Durchsetzung | Unterlängen größer als Oberlängen - - - - - - - - - Oberlängen größer als Unterlängen<br>kleine Längenunterschiede - - - - - - - - große Längenunterschiede<br>Anfangsbetonung - - - - - - - - - - - Anfangsunterbetonung<br>Endbetonung - - - - - - - - - - - Endunterbetonung |
| V) Raumanordnung. Mitbeachten: Zeilen, Ränder, Absätze, Binnengliederung, Unterstreichungen<br>Bedeutung: Lebensordnung<br>Distanz | Gegliedertheit - - - - - - - Ungegliedertheit<br>Wortabstand größer als Zeilenabstand - - - - - - - Zeilenabstand größer als Wortabstand |

*Abb. 2: Vorarbeitenblatt mit Rahmenbefund nach Müller-Enskat*

## 3. Die Bedeutungsfindung

Die Bedeutungsfindung, also die psychologische Auswertung des Rahmenbefundes, geschieht systematisch nach vorgegebenen Anweisungen. Es gilt, die Bedeutung der vorliegenden dominanten und signifikanten graphischen Variablen herauszufinden. Wir zitieren hierzu Müller-Enskat: „Man kann sie (die Bedeutungsfindung) als die Umkehrung der Schriftentstehung ansehen. Während nämlich bei der Schriftentstehung Wesenszüge des Schreibers in die Schreibbewegung einfließen, wird bei der Merkmalsauswertung aus der fertigen Schrift auf die Schreibbewegung und von dieser auf die in sie eingegangenen Wesenszüge des Schreibers zurückgeschlossen." Vorbeugend fügen die Autoren hinzu: „Dass die Schriftdeutung aber nicht ‚intuitiv' erfolgt, sondern methodisch erarbeitet wird, sei schon hier betont."

## 4. Psychologische Verarbeitung

In dieser Phase des Arbeitsganges werden die gewonnenen psychologischen Einzelbefunde durch psychologische Kombinatorik zueinander in Beziehung gesetzt, so dass ein stimmiges Persönlichkeitsbild entsteht.

Das erfordert eingehende psychologische und schriftpsychologische Kenntnisse.

*5. Gutachtenformulierung*

In der letzten Phase des Arbeitsganges müssen die Ergebnisse der psychologischen Verarbeitung in angemessener Weise formuliert und „zu Papier gebracht" werden. Hierzu wird eine gute sprachliche Ausdrucksfähigkeit benötigt. Der Inhalt und die Anordnung des Gutachtens müssen sich selbstverständlich an Art und Inhalt des Auftrags orientieren.

Näheres über Rechte und Pflichten der Auftraggeber, Gutachter und Begutachteten teilen wir im Abschnitt über „Rechtsfragen und Standesordnung" mit.

## 3. Anwendungsgebiete der Schriftpsychologie

Handschriftengutachten werden erfahrungsgemäß vorwiegend angefordert

- bei der Personal- und Chefauswahl
- bei der Auswahl von Lehrlingen
- in der Erziehungsberatung
- in der Berufsberatung
- in der Lebensberatung
- bei der Partnerberatung
- bei klinischen Fragestellungen

In allen diesen Fällen ist der Schriftpsychologe ein Berater, der die Ergebnisse seiner Methode in die Bearbeitung einer speziellen Fragestellung einbringt. Diese Ergebnisse müssen stets durch andere, mit anderen Methoden ermittelte Ergebnisse befestigt werden, ehe man sie zur wie immer gearteten Beschlussfassung verwendet.

Es sei hier ausdrücklich festgestellt:

DIE HANDSCHRIFTENANALYSE IST NUR EINE PSYCHODIAGNOSTISCHE METHODE UNTER ANDEREN. IHRE AUSSAGEKRAFT IST NACHWEISLICH BEGRENZT – WIE DIE ALLER ANDEREN METHODEN ÜBRIGENS AUCH. SIE DARF DAHER NIEMALS

EINZIG UND ALLEIN ZUR BEURTEILUNG EINER PERSON VERWENDET WERDEN. WER ANDERES BEHAUPTET, IST EIN SCHARLATAN.

## 3.1. Was die Schriftpsychologie bieten kann

In der täglichen Praxis zeigt es sich immer wieder, dass der Schriftpsychologe recht verlässliche Aussagen machen kann über

- Stabilität und Labilität des Schrifturhebers
- Kontaktbereitschaft und -fähigkeit
- Richtung der Interessen
- Struktur des Denkens
- Konflikt- und Stresstoleranz
- Differenziertheit des Erlebens
- Selbstgefühl
- Antrieb
- Arbeitsverhalten

Eine völlig andersartige und weithin unbekannte Verwendung finden schriftpsychologische Erkenntnisse übrigens in der Medizin: Mit Hilfe eines von Haase entwickelten Auswertungsverfahrens wird die Handschrift zur Dosierung von Neuroleptika verwendet. Die wohl beste Einführung in dieses Gebiet findet der Nicht-Mediziner in einem Artikel der Zeitschrift für Menschenkunde (Haase 1979).

## 3.2. Was die Handschriftendiagnostik nicht bieten kann

Entgegen allen kursierenden Behauptungen anderen Inhalts sei hier Folgendes grundsätzlich festgestellt:

- Die Handschriftenanalyse kann zwar Verhaltensdispositionen aufzeigen (z.B. *Labilität*), aber niemals das Verhalten in einer konkreten Situation.
- Es ist mit den heute zur Verfügung stehenden Methoden nicht möglich, aufgrund der Handschrift medizinische Diagnosen zu stellen. Sie kann allerdings frühzeitig unspezifische Warnungssignale geben – zum Beispiel *Zitterzüge*.

- Es ist nicht möglich, aus der Handschrift Hinweise über Kriminalität, die gerne zitierte „kriminelle Disposition" oder moralische Qualitäten wie zum Beispiel *Ehrlichkeit* zu erhalten.
- Es ist nicht möglich, aus der Handschrift Spezialbegabungen oder gar Genialität zu ermitteln. Im normalen Bereich sind dagegen grobe Schätzungen der Intelligenz möglich. Was solchen Schätzungen zugrunde liegt, dürfte die gezeigte Schreibgewandtheit sein.

## 4. Zuverlässigkeit und Gültigkeit der Schriftpsychologie

Seit Mitte der 50er Jahre des vergangenen Jahrhunderts haben Schriftpsychologen versucht, die Frage nach der Daseinsberechtigung ihrer Methode – vor allem nach Zuverlässigkeit und Gültigkeit – mit Hilfe graphometrischer Verfahren zu beantworten.

Die *Zuverlässigkeit der Erfassbarkeit* der graphischen Variablen (also die Verifikation der Grundhypothese 2) wurde in Hunderten von experimentellen Untersuchungen belegt.

Die vielen Untersuchungen – oft Dissertationen – die in den 1960er und 70er Jahren den *Gültigkeitsnachweis für die Methode* (also die Verifikation der Arbeitshypothese 4) vorwiegend mit Faktorenanalysen erbringen sollten, erbrachten den Nachweis, dass es tatsächlich statistisch signifikante Zusammenhänge zwischen Variablen der Handschrift und dem Charakter des Schrifturhebers gibt. Sie sind aber nicht so groß, dass sie wissenschaftlichen Anforderungen voll genügen.

Da die Zahl der einschlägigen Untersuchungen seit etwa 1970 immer mehr abebbte, entstand ein Defizit an „tagfrischen" Gültigkeitsnachweisen. In den letzten Jahren werden allerdings erneut Ansätze zur Erbringung zeitgemäßer Gültigkeitsdaten gemacht. In der Schweiz führt gegenwärtig Marie Anne Nauer Serien von vergleichenden Untersuchungen zwischen den Ergebnissen von Handschriftenanalysen und Assessment-Center-Protokollen durch (Nauer 2001). Die bisherigen Resultate sind erfolgversprechend. Weiterhin planen Mitglieder der Arbeitsgemeinschaft für wissenschaftliche Schriftpsychologie (AwS) mehrere Studien mit einem von Wallner 1998 entwickelten Modell: Im Mittelpunkt stehen nicht mehr die zwar leicht messbaren, aber vieldeutigen Einzelmerkmale, die außerdem weitgehend von der Schulvorlage beeinflusst werden, sondern die Eindruckscharaktere (s.o.), die bekanntlich zu den vom Schreiber selbst in seine Schrift eingebrachten Wahlvariablen gehören.

## 4.1. Die Richtigkeit von Gutachten im Einzelfalle

Von Kritikern der Handschriftendiagnostik wird immer aufs Neue angemerkt, dass verschiedene Gutachter am selben Objekt gelegentlich zu stark voneinander abweichenden oder gar widersprüchlichen Empfehlungen kommen. Das stimmt, und das wissen selbstverständlich auch die Schriftpsychologen. Ein typischer Fall wird von Sandahl/Wallner 1995 geschildert: Drei Gutachter empfahlen in ihrem zusammenfassenden Urteil die Einstellung eines Bewerbers, drei lehnten ihn ab.

Die Erklärung für diesen und jeden ähnlichen Fall kann – kompetente Gutachter und angemessenes Handschriftenmaterial vorausgesetzt – darauf zurückgeführt werden, dass die Gutachtenerstattung in mehreren Phasen abläuft. Die schriftpsychologische Bearbeitung in den Abschnitten 1 bis 4 des Auswertungsganges nach Müller-Enskat, aber auch nach jedem anderen seriösen Verfahren, erfolgt nach festgelegten Regeln. Die rechte Befolgung dieser Regeln muss daher zu gleichen oder ähnlichen graphischen und dementsprechenden psychologischen Befunden führen. Das war auch im obigen Falle der Fall.

Die abschließende gutachterliche Stellungnahme dagegen, die auf die im Auftrag gestellte Frage einzugehen hat, basiert zwar auf schriftpsychologischem Fundament, wird jedoch unter Umständen von sachfremden Faktoren mit beeinflusst. Abgesehen davon, dass sie das Ergebnis persönlicher Überlegungen und Gewichtungen des Gutachters ist, ist sie von korrekter und zureichender Information über den Anlass der Auftragserteilung abhängig. Unterschiede in der weiteren Auslegung schriftpsychologischer Befunde können also nicht der Methode angelastet werden. Sie gehen zu Lasten des Beurteilers beziehungsweise des Auftraggebers.

Divergenzen in der Urteilsbildung sind im Übrigen kein spezifisches Problem der Handschriftendiagnostik, sondern ein generelles Problem jedweder Diagnostik – was von vielen Kritikern allerdings übersehen oder bewusst ignoriert wird.

# 5. Informationen

## 5.1. Rechtsfragen und Standesordnung

Wie jede andere seriöse Berufsgenossenschaft haben auch die Schriftpsychologen eine Standesordnung. Wir zitieren im Folgenden einen Auszug aus der „Internationalen Standesordnung (Ehrencodex) für Graphologen", herausgegeben von der Europäischen Gesellschaft für Schriftpsychologie und Schriftexpertise (EGS) mit Sitz in Zürich.

> *„03. Der Graphologe/Schriftpsychologe arbeitet ausschließlich auf der Basis von Originalschrift-Dokumenten. Ist dies nicht möglich, hat er in seinem Bericht einen entsprechenden deutlichen, die Aussage einschränkenden Vermerk anzubringen. Bestehen Zweifel irgendwelcher Art, kann ein Auftrag ohne Begründung abgelehnt werden.*
>
> *04. Gegenstand der Arbeit ist die Handschrift; das Ziel der Arbeit ist die Erfassung der Persönlichkeit des Schreibers im Hinblick auf den dem Graphologen/Schriftpsychologen erteilten Auftrag.*
>
> *08. Als rechtmäßiger Inhaber eines handschriftlich verfassten Schriftstückes im Sinne der graphologischen Auftragerstellung gilt allein der Schrifturheber; er hat sein schriftliches Einverständnis für die Erstellung einer graphologischen/schriftpsychologischen Analyse zu erteilen. Dieses Einverständnis ist als vorhanden zu betrachten, wenn der Text den handschriftlichen Vermerk „Handschriftprobe" enthält oder in der Anzeige des Auftraggebers deutlich vermerkt ist, dass ein handschriftlicher Lebenslauf oder eine „Handschriftprobe" verlangt wird. Liegt kein entsprechendes Einverständnis des Schrifturhebers vor, wird aber ein erkennbares höheres Interesse geltend gemacht, darf der Graphologe/Schriftpsychologe unter Beachtung aller gebotenen Vorsicht ein Gutachten erstellen (insbesondere gilt bezüglich Verantwortung nachfolgende Ziffer 09). Gerichtlich angeordnete graphologische Begutachtungen entbinden den Graphologen/Schriftpsychologen von einer Überprüfung bezüglich Einverständniserklärung.*

*09. Das Gutachten/der Bericht ist ausschließlich für den Auftraggeber bestimmt, der auch die alleinige Verantwortung für die Folgen, die im Falle einer Weitergabe an Dritte eintreten können, trägt. Der Graphologe/Schriftpsychologe darf die ihm ausgehändigten Dokumente und die dadurch gewonnenen Erkenntnisse nicht zum Nachteil Dritter verwenden.*

*10. Der Graphologe/Schriftpsychologe hat die Gesetze seines Landes bezüglich Wahrung der Intimsphäre, des Persönlichkeitsrechts und des Berufsgeheimnisses sowohl bei schriftlicher wie auch mündlicher Aussage zu wahren..*

*11. Dem Graphologen/Schriftpsychologen ist es untersagt, in Verbindung mit seiner graphologischen/schriftpsychologischen Arbeit in einer Disziplin tätig zu sein, die sich auf Wahrsagerei, Okkultismus, Esoterik oder auf ein anders im Widerspruch zur graphologisch-wissenschaftlichen Tätigkeit stehendes Gebiet bezieht. Er hat auch Werbung oder Veröffentlichung in Medien, die in diese Richtung gehen, zu unterlassen".*

Der vollständige Text kann von der EGS (s. Literaturverzeichnis) angefordert werden.

## 5.2. Ausbildungsmöglichkeiten

Das Fach „Schriftpsychologie" wird zu diesem Zeitpunkt (2002) an der Universität München gelehrt, ebenso an der Universität Leipzig im Rahmen der medizinischen Forschung. Einige der deutschsprachigen Fachverbände bieten Unterricht an. Die meisten jedoch nehmen lediglich Prüfungen ab, nachdem der Studierende bei einem vom Verband anerkannten und geprüften Mentor ausreichenden Unterricht erhalten hat. Der Dachverband, die „Europäische Gesellschaft für Schriftpsychologie und Schriftexpertise" nimmt darüber hinaus eine große Prüfung ab. Alle Verbände veranstalten zur Weiterbildung Seminare und Tagungen.

Für die seriösen Handschriftenanalytiker im Lande gibt es bedauerlicherweise keinen rechtlich geschützten Titel: *Schriftpsychologe* kann sich nennen wer will.

## 5.3. Zukunftsaussichten

In Zeitalter der Personalcomputer wird weniger mit der Hand geschrieben als zuvor. Der Schreibunterricht wird allenthalben offensichtlich vernachlässigt. Wenn sich die Menschheit vor zufälligen oder gar permanenten Zusammenbrüchen ihrer gigantisch überentwickelten und für den Einzelnen kaum noch begreifbaren Kommunikationssysteme absichern will, tut sie gut daran eine der genialsten Erfindungen der Menschheit, nämlich das Schreiben mit der Hand, zu pflegen und zu bewahren.

Was die Weiterentwicklung der Handschriftendiagnostik anbelangt, können wir uns an Hartmann Hinterhuber halten, in dessen beachtenswertem Werk mit dem Titel „Die Seele“ (2001) wir Folgendes nachlesen können:

> *„Waren die Denker der Vergangenheit auf Spekulationen, Analogieschlüsse und die Erkenntnisse der Alltagspsychologie angewiesen, widmen sich heute Neurowissenschaftler, Neurobiochemiker, Neuroradiologen, Neuroanatomen und Neurophysiologen gemeinsam mit Molekular- und Zellbiologen dem Gehirn und versuchen seine Arbeitsweise und die Funktionen der einzelnen Teile in Mehrebenen-Untersuchungen nahe zu kommen. Die Analyse der bioelektrischen Aktivität des Gehirns ermöglicht einen Einblick in das planende Denken des Menschen, durch EEG-Untersuchungen ist es heute möglich, zu entschlüsseln, welche Bewegungsabläufe sich der untersuchte Proband vorstellt und ausführen wird. .... Darüber hinaus sind Einblicke in die neurobiochemischen Prozesse möglich, die beispielsweise beim Hören von Musik und beim Sprechen sowie beim Lösen, ja schon bei der Vorstellung definierter Aufgaben auftreten. ...“*

Weiterhin konstatiert der Autor: „Dank der Fortschritte der neurowissenschaftlichen Forschung können wir annehmen, dass die Zeit kommen wird, in der wir die Funktionsweise unseres Gehirns etwas besser verstehen werden und ebenso die Mechanismen der psychischen Störungen. Damit könnte es der Neurowissenschaft gelingen, die von Descartes als unüberbrückbar postulierte Kluft zwischen ‚res extensa‘ (das Materielle) und ‚res cogitans‘ (das Immaterielle) zu verkleinern und dem Wesen der ‚Seele‘ näher zu kommen.“

# Literatur

Avé-Lallemant, U. (Hg. 1989): Die vier deutschen Schulen der Graphologie: Klages, Pophal, Heiss, Pulver. München: Reinhardt-Verlag.

EGS, Europäische Gesellschaft für Schriftpsychologie und Schriftexpertise: Internationale Standesordnung (Ehrencodex) für Graphologen. Zentralsekretariat, Postfach 88, CH 8041 Zürich.

Foerster, J.-F.v. (1927): Verfahren und Möglichkeiten der Schriftbeurteilung. In: Industrielle Psychotechnik 4, Heft 5, S. 129-147.

Haase, H.-J. (1979): Die Handschrift zur Dosierung der Neuroleptika. In: Zeitschrift für Menschenkunde 43, Heft 4, S. 117-191.

Hinterhuber, H. (2001): Die Seele. Wien; New York: Springer.

Knobloch, H. (1964): (Übersetzung des Textes von Baldi). In: Zeitschrift für Menschenkunde 28, Heft 4, S. 381-383.

Lavater, J. K. (1775-1778): Physiognomische Fragmente zur Beförderung der Menschenkenntnis und der Menschenliebe. 4 Bände. Faksimilidruck nach der Ausgabe 1775-1778. Zürich: Orell und Füssli, 1969.

Lockowandt, O. (1988): Bielefelder Graphologische Bibliographie. 1.Band: Deutschsprachige Literatur, Bielefeld: Eigenverlag.

Lockowandt, O. (1995): Stichwort: Graphologie. In: Eberlein, G.L. (Hg.): Kleines Lexikon der Parawissenschaften. München: Beck, S. 61-66.

Lockowandt, O. (1998a): Handschrift, Persönlichkeit und Verlaufsgestalt: Robert Heiss und die Freiburger Schule der Graphologie. In: Zeitschrift für Menschenkunde 62, Heft 4, S. 203-221.

Lockowandt, O. (1998b): Persönliche Mitteilung an die Verf.

Lockowandt, O. (2001): Über die Zukunftsprojektion einer europäischen Schriftpsychologie 2000. In: Zeitschrift für Schriftpsychologie und Schriftvergleichung 65, S. 2-33.

Michon, J.H. (1875): Système de Graphologie. Paris.

Müller, W.H./ Enskat, A. (1951): Graphologie gestern und heute. Stuttgart: Im Altdorfer-Verlag.

Müller, W.H./ Enskat, A. (1993): Graphologische Diagnostik. Ihre Grundlagen, Möglichkeiten und Grenzen. 4. korr. und erg. Aufl., mit einem Anhang von Oskar Lockowandt. Bern: Huber.

Nauer, A.M. (2001): Assessment Center versus oder mit Graphologie? Vortrag gehalten am Graphologischen Kongress an der Universität Zürich, 19./20. Oktober 2001.

Nauer, A.M. et.al. (2002a): *Ortsbestimmung der Schriftpsychologie*, festgestellt von der Forschungskommission der Schweizerischen Graphologischen Gesellschaft (SGG) anlässlich einer von der Arbeitsgemeinschaft für wissenschaftliche Schriftpsychologie (AwS) veranstalteten Umfrage.

Nauer, A.M. et al. (2002b): Definition *Schriftpsychologie*, erstellt von der Forschungskommission der Schweizerischen Graphologischen Gesellschaft (SGG) anlässlich einer von der Arbeitsgemeinschaft für wissenschaftliche Schriftpsychologie (AwS) veranstalteten Umfrage.

Pophal, R. (1949): Die Handschrift als Gehirnschrift. Rudolstadt: Greifenverlag.

Pulver, M. (1931): Symbolik der Handschrift. Zurich: Füssli.

Rück, P. (1999): siehe Wallner, T. (1999).

Sandahl, Ch./ Wallner, T. (1995): Does handwriting analysis qualify as a method for personality assessment? In: British Journal of Projective Psychology 40, No. 1.

Seibt, A. (1994): Schriftpsychologie: Theorien, Forschungsergebnisse, wissenschaftstheoretische Grundlagen. München; Wien: Profil.

Wallner, T. (1959): Das System der Handschriftenvariablen. In: Zeitschrift für Menschenkunde 23, Heft 4, S. 173-189.

Wallner, T. (1998): Lehrbuch der Schriftpsychologie. Grundlegung einer systematisierten Handschriftendiagnostik. Heidelberg: Asanger.

Wallner, T. (1999): Methoden der Schriftbeschreibung in der Schriftpsychologie. Klassifizierung und Vorschläge zur Registrierung von Handschriftenvariablen. In: Rück, P. (Hg.): Methoden der Schriftbeschreibung. Bd.4, Historische Hilfswissenschaften, Stuttgart: Thorbecke.

Wallner, T. (Hg. 2000): Handschriftenatlas - Eindruckscharaktere. Ein Atlas mit 50 Schriftproben und einem alphabetisch-numerischen Register über mehr als 400 Eindruckscharaktere. Bielefeld: Verlag der Arbeitsgemeinschaft für wissenschaftliche Schriftpsychologie (c/o R. Gosemärker).

Wallner, T. (Hg. 2001a): Handschriftenatlas – Ganzheitsqualitäten. Eine Zusammenstellung von 28 Ganzheitsqualitäten mit Schriftbeispielen. Bielefeld: Verlag der Arbeitsgemeinschaft für wissenschaftliche Schriftpsychologie (c/o R. Gosemärker).

Wallner, T. (2001b): Stichwörter: Graphologie, Graphometrie, Handschrift, Handschriftenvariablen, Schriftpsychologie, Schriftvergleichung. In: Wenninger, G. (Hg.): Lexikon der Psychologie, 5 Bände, Heidelberg: Spectrum.

Wallner, T. (2002): Oskar Lockowandt als Schriftpsychologe. In: Zeitschrift für Schriftpsychologie und Schriftvergleichung 66, Heft 3, S. 152-16.

Marcus Wetzchewald

## *Rezension*

Bittner, Johannes: Digitalität, Sprache, Kommunikation. Eine Untersuchung zur Medialität von digitalen Kommunikationsformen und Textsorten und deren varietätenlinguistischer Modellierung. Berlin: Erich Schmidt Verlag 2003 (Philologische Studien und Quellen; H. 178, 323 S., € 39,80)

# Einleitung

In den letzten Jahren hat die Zahl der Publikationen zum Thema „Neue Medien" stetig zugenommen (die Publikationsdatenbank des Servers Mediensprache.net verzeichnet beispielsweise 59 Arbeiten, die im Jahr 2003 hierzu veröffentlicht wurden). Es handelt sich um ein populäres Thema in verschiedenen wissenschaftlichen Disziplinen – u. a. in der Linguistik, in der Medienwissenschaft und den Sozialwissenschaften.

Mit der Dissertation „Digitalität, Sprache, Kommunikation" – eingereicht an der Universität Freiburg und nun im Erich Schmidt Verlag in der Reihe Philologische Studien und Quellen veröffentlicht – ist eine weitere hinzugekommen. Jedoch soll es sich nach Aussage des Verlags nicht um eine beliebige Arbeit zu diesem Thema handeln: „Mit Digitalität, Sprache, Kommunikation liegt erstmals ein Buch vor, in dem die Digitalität als das qualifizierende Merkmal der „Neuen Medien" herausgearbeitet wird, und das die Veränderungen unserer Sprache und Kommunikation durch digitale Medien schlüssig erklärt" lautet ein Ausschnitt aus der Kurzbeschreibung auf der Rückseite des Buches.

# Inhalt

Johannes Bittner beginnt seine Arbeit mit einer Darstellung der Entwicklung der neuen Medien, die oft auch als Medienwandel bezeichnet wird. Sprache und Kommunikation werden als von der Medialisierung beeinflusst begriffen, woraus eine besondere Brisanz der Digitalität für sprachwissenschaftliche Fragestellungen und veränderte Anforderungen an die Beschäftigung damit auf inhaltlicher und methodischer Ebene resultieren sollen. Bittner spricht sich für eine integrative Forschung der Sprach-, Kommunikations- und Medienwissenschaft aus, da die linguistische Forschung in der Vergangenheit mediale Einflüsse vernachlässigt habe. Diesen Weg möchte er nun gehen.

In Kapitel 2 wird ein Forschungsüberblick geboten. Dabei wird vor allem ältere, etablierte Literatur herangezogen. Zu den besonders ausführlich besprochenen linguistischen Untersuchungen zählen unter anderem Runkehl/Schlobinski/Siever 1998 und Schmitz 1995, die in beinahe jeder Publikation zum Thema „Sprache in den neuen Medien" zitiert werden, neuere Publikationen dieser Autoren zu diesem Thema bleiben aber leider unberücksichtigt. Darüber hinaus werden auch sozial-, kommunikations- und medienwissenschaftliche Forschungsarbeiten besprochen, wodurch beim Lesen der Eindruck eines recht umfangreichen Forschungsüberblicks entsteht.

Kapitel 3 – mit „Varietätenlinguistischer Ausgangspunkt" betitelt – beschäftigt sich mit zwei bekannten Varietätenmodellen der deutschen Sprache, nämlich dem sternförmigen Modell von Löffler (1994) und dem Nähe-/Distanzkontinuum von Koch/Österreicher (1990 bzw. 1994). Die beiden Modelle werden ausführlich vorgestellt und kritisiert.

Im Zentrum der Arbeit liegen die Kapitel 4 bis 6. Hier legt Bittner auf jeweils ungefähr 60 Seiten die Ergebnisse seiner empirischen Analyse dreier Korpora dar. Dabei handelt es sich um ein Korpus mit 25 privaten Internet-Homepages, die von Menschen mit dem Nachnamen Wagner erstellt wurden und 1998 im Internet zu finden waren, ein Korpus zur E-Mail-Kommunikation mit 2.508 Nachrichten eines Multimedia-Verlags und ein Korpus mit sechs Chat-Diskursen, die im Sommer 1999 im Chatmaxx-Chat protokolliert wurden.

In Kapitel 4 beschäftigt sich Bittner mit verschiedenen Textsorten, die man auf privaten Homepages findet, und den vielfältigen Möglichkeiten, diese zu typisieren, wobei er einen Ansatz zur Textsortenklassifizierung von Raible mit sieben Dimensionen auf private Homepages überträgt. Anschließend werden die Kommunikationssituation und -bedingungen, der Objektbereich der Texte, die Kommunikationsplattform, das Verhältnis zwischen Text und Wirklichkeit, die Medien und Computer und Internet, verschiedene sprachliche Eigenschaften von privaten Homepages des Korpus (u. a. der Elaborationsgrad, lexikalische, syntaktische und morphologische Merkmale) und Beziehungen zwischen den vorgestellten Textsorten untersucht. Auf knapp vier Seiten werden die Ergebnisse noch einmal zusammengefasst.

In den beiden darauf folgenden Kapiteln werden ähnliche Untersuchungen an den beiden anderen Korpora angestellt. Bis auf einige Schwerpunktverschiebungen – so werden bei der E-Mail-Kommunikation (Kapitel 5) die diskursive Verwendung von E-Mails sowie das Verhältnis zwischen Text und Sprache und bei der Chat-Kommunikation (Kapitel 6) diskursanalytische Merkmale genauer beschrieben – wurden weitestgehend die gleichen Untersuchungskriterien auf die Korpora angewendet.

Kapitel 7 soll nach Aussage des Autors „die intrinsischen Qualitäten und Charakteristiken digitaler Medien auf theoretischer Ebene“ (S. 269) behandeln. „Ziel ist es zu zeigen, daß es tatsächlich „technische“ Faktoren sind, die bedingen, daß diese Medien andere, bislang nicht realisierte bzw. nicht realisierbare Formen und Funktionen von Sprache und Kommunikation ermöglichen.“ (ebd.) Zu diesem Zweck setzt sich Bittner mit den etablierten Methoden der Linguistik auseinander und stellt fest, dass in weiten Teilen der Geisteswissenschaft eine „allgemeine Medienvergessenheit“ (S. 271) herrsche. Deshalb beschäftigt sich der Verfasser auf den Seiten 269-287 mit der Schrifttheorie, dem Verhältnis von geschriebener und gesprochener Sprache und den Eigenschaften digitaler Schriftsysteme.

In Kapitel 8 wird auf etwa zehn Seiten ein neues Varietätenmodell der deutschen Gegenwartssprache entworfen, in dem die Medien und Kommunikationsformen den nichtmedialen Lekten (Idiolekte, Soziolekte, Funktiolekte, Sexlekte und Dialekte) vorangestellt werden. Dem Medium kommt in Bittners Varietätenmodell eine zentrale Stellung zu, da seines Erachtens medial vermittelte Kommunikation „immer auch medial determinierte Kommunikation“ ist, „weil der konkrete Kommunikationsakt nicht von dem Medium getrennt werden kann, in dem er getätigt wird, ohne daß er dadurch in einen ganz anderen Kommunikationsakt verwandelt würde.“ (S. 291)

Im letzten Kapitel – betitelt mit „Digitale Medien – ein Ausblick“ – geht Bittner auf die zukünftige Bedeutung der digitalen Medien im etablierten Medienspektrum ein. Dabei bezieht er sich auf mehrere Bereiche, in denen die Digitalität schon unser kommunikatives Handeln beeinflusst (u. a. prozessierbare und operationalisierbare Maschinenschrift, -sprache und -rede).

## Beurteilung

Schon die Darstellung des Buchinhalts verdeutlicht Bittners Versuch, sehr viele Aspekte digitaler Medien zu besprechen. Aufgrund der Fülle der angebotenen Informationen könnte fast der Eindruck entstehen, es handele sich bei dem Buch um eine Einführung in das Thema „Neue Medien und Kommunikation“. Es ist aber Gegenteiliges der Fall. Zum einen werden meiner Meinung nach viele Themen (insbesondere bei den empirischen Analysen) nur sehr kurz angerissen (viele Untersuchungsaspekte werden nur auf einer halben bis einer Seite beschrieben), um einen einführenden Charakter zu haben, zum anderen ist die an anderen Arbeiten geäußerte Kritik so speziell, dass an einigen Stellen nur Leser, die sich schon intensiv mit dem Thema auseinander gesetzt haben, Bittners Argumentationsweise nachvollziehen können.

Ein großes Manko der Arbeit ist die Art der Präsentation der Ergebnisse der empirischen Analysen. Hier stellt Bittner keine konkreten Zahlen/Werte dar, sondern gibt immer nur einzelne Beispiele für das Auftreten eines Merkmals (z. B. in Form von Screenshots oder Zitaten aus den einzelnen Korpora), oder er beschreibt die relative Häufigkeit des Auftretens eines Merkmals. Unpräzise Sätze wie der folgende sind keine Seltenheit: „Deutliche Ausrücke des Bewußtseins der Produzenten vom restringierten Rezipientenkreis finden sich auf einer ganzen Reihe von Seiten.“ (S. 86). Ein besonders misstrauischer Leser könnte Bittner sogar vorwerfen, er stelle nur Behauptungen auf, ohne wirklich eine empirische Analyse betrieben zu haben. So konstatiert Bittner beispielsweise auf Seite 120, dass das Korpus beweise, dass „die grammatisch und orthographische Normgerechtigkeit der Texte nicht die Regel ist.“ Der Autor verrät aber nicht, wie er zu diesem

Ergebnis gekommen ist und welche Kriterien er bei der Korpusanalyse in diesem Fall zugrunde gelegt hat.

Nur an einer Stelle der Arbeit legt Bittner konkrete Analyseergebnisse offen: Auf Seite 255 wird die Häufigkeit des Auftretens der verschiedenen im Korpus zur Chat-Kommunikation auftretenden Emoticons aufgelistet. (Dass es sich bei dem Thema Emoticons/Smileys um ein in der wissenschaftlichen Literatur schon fast zu intensiv behandeltes Thema handelt, soll nur am Rande erwähnt werden.)

Grundsätzlich problematisch ist auch die mangelnde Nachprüfbarkeit der Analyse Ergebnisse. Der interessierte Leser hat zwar die Möglichkeit, im Internet auf der Seite <www.digitalitaet.net> Teile des E-Mail-Korpus (weitere Beispiele für die untersuchten Merkmale) und das Korpus zur Chat-Kommunikation einzusehen, jedoch fehlt dort das Korpus mit den privaten Homepages (auf der Internetseite zu dem Buch findet man die Begründung, dass erst „eine rechtliche Klärung der Publikationsgrundlage" erfolgen muss), und im Buch werden auch nicht deren Internet-Adressen angegeben.

Gleichwohl können aber auch einige positive Aspekte des Buches festgehalten werden. Obwohl es nicht die erste Arbeit ist, die sich mit privaten Homepages beschäftigt (es handelt sich aber doch im Vergleich zu den Kommunikationsformen E-Mail und Chat um einen sehr viel seltener erforschten Teilbereich der neuen Medien), so ist es doch die erste Arbeit, die diese Kommunikationsform in so großem Umfang beschreibt. Sinnvoll und neu erscheint auch die integrative Analyse der Korpora unter sprach-, kommunikations- und medienwissenschaftlichen Gesichtspunkten.

Positiv hervorzuheben sind des Weiteren Bittners zahlreiche Anregungen für weitere Forschungsarbeiten auf diesem Themengebiet.

Wenn man von dem teilweise zu spezialisierten Schreibstil und der zu wenig transparenten Präsentation der empirischen Analyse und Ergebnisse absieht, ist „Digitalität, Sprache, Kommunikation" ein durchaus lesenswertes Buch mit einem interessanten integrativen Ansatz. Der Autor berücksichtigt dabei die Forschungsergebnisse aus verschiedenen wissenschaftlichen Disziplinen und richtet auch seine eigene Untersuchung an diesen aus. Des Weiteren wird die Bedeutung der medialen Rahmenbedingungen für digitale Kommunikationsformen herausgearbeitet.

Trotz der genannten kritischen Einwände empfehle ich es allen, die sich für sprach- und kommunikationswissenschaftliche Aspekte neuer Medien interessieren bzw. selbst auf diesem Gebiet forschen oder forschen möchten.

## Literaturhinweise

Bittner, Johannes (2003): Die Dokumentation. <http://www.digitalitaet.net/content/dokumentation/index.htm>. Rev. 2003-11-10.

O.V. (2003): Neue Literatur des Jahres 2003 (Literaturdatenbank des Servers mediensprache.net - Projekt sprache@web an der Universität Hannover). <http://www.mediensprache.net/de/literatur/suche/neuere.asp>. Rev. 2003-11-10.

Ruhnkehl/Schlobinski/Siever (1998): Sprache und Kommunikation im Internet. Überblick und Analysen. Opladen/Wiesbaden: Westdeutscher Verlag.

Schmitz, Ulrich (1995): Neue Medien und Gegenwartssprache. Lagebericht und Problemskizze. In: Schmitz, Ulrich (Hrsg.): Neue Medien. Oldenburg: Redaktion OBST [Osnabrücker Beiträge zur Sprachtheorie; 50] 1995, S. 131-159.

| | |
|---|---|
| *Monika Baumann* | Am Jungstück 12, 55130 Mainz<br>E-Mail: Monika.Baumann@t-online.de |
| *Manuela Böhm* | Universität Potsdam, Institut für Germanistik<br>Komplex II, Haus 14<br>Postfach 601553, 14415 Potsdam<br>E-Mail: manboehm@rz.uni-potsdam.de |
| *Joachim Gessinger* | Universität Potsdam, Institut für Germanistik<br>Komplex II, Haus 14<br>Postfach 601553, 14415 Potsdam<br>E-Mail: gessinger@rz.uni-potsdam.de |
| *Rosemarie Gosemärker* | Carl-von-Ossietzky-Str. 11, 33615 Bielefeld<br>E-Mail: gosemaerker@bisurf2000.de |
| *Manfred Hecker* | Matterhornstr. 15, 65199 Wiesbaden<br>E-Mail: dr.m.hecker@arcor.de |
| *Hannes Kniffka* | Rheinische Friedrich-Wilhelms-Universität Bonn,<br>Sprachwissenschaftliches Institut<br>An der Schloßkirche 2, 53111 Bonn<br>E-Mail: h.kniffka@uni-bonn.de |
| *Jakob Ossner* | Pädagogische Hochschule Weingarten, Rektorat<br>Kirchplatz 2, 88250 Weingarten<br>E-Mail: jossner@ph-weingarten.de |
| *Teut Wallner* | Solfagravägen 87, S-141 42 Huddinge<br>Schweden<br>E-Mail: teutwallner@glocalnet.net |
| *Marcus Wetzchewald* | Universität Duisburg-Essen, Campus Essen<br>Fachbereich Literatur- und Sprachwissenschaften<br>Universitätsstraße 12, 45117 Essen<br>E-Mail: marcus.wetzchewald@uni-essen.de |

## Lieferbare Hefte

| Heft/Jahr | Titel | Preis |
|---|---|---|
| 16/1980 | Sprache und Erfahrung | 8,00 |
| 21/1982 | MischOBST III<br>(u.a. Sprachpolitik, Linguistik u. Hochschule) | 8,00 |
| 26/1984 | Analfabetismus in der BRD II | 8,00 |
| 28/1984 | Handbuch der Lingologie | 8,00 |
| 29/1984 | Sprachersatz – Linguistische Konstrukte<br>und ihre Rationalität | 8,00 |
| 30/1985 | Deutsche Grammatik 2 | 8,00 |
| 31/1985 | Sprachenkonkurrenz und gesellschaftliche Planung | 8,00 |
| 32/1985 | Aphasie. Kommunikation von Aphatikern in<br>Therapiesituationen | 8,00 |
| 33/1986 | Wem gehört die Sprache? | 8,00 |
| 34/1986 | Aspekte gesteuerten Zweitspracherwerbs | 8,00 |
| 36/1987 | Produktion schriftlicher Texte | 8,00 |
| 37/1987 | Therapiegespräche | 8,00 |
| 39/1988 | Sprachwissenschaft und Sprachpraxis | 9,50 |
| 40/1989 | Sprachbewußtheit und Schulgrammatik | 9,50 |
| 42/1990 | Schweigen | 9,50 |
| 43/1990 | Gesellschaft und Sprachwissenschaft | 9,50 |
| 45/1991 | Romanistik zwischen Engagement und Verweigerung | 9,50 |
| 47/1993 | Schriftkultur und sprachlicher Wandel | 9,50 |
| 48/1994 | Muttersprachl. Unterricht an Europas Schulen | 9,50 |
| 49/1994 | Diskursanalysen in praktischer Absicht | 9,50 |
| 51/1995 | Schriftaneignung und Schreiben | 10,50 |
| 52/1996 | Höflichkeit | 10,50 |
| 53/1996 | Linguistische Beratung ... im Spiegel der Praxisfelder | 10,50 |
| 54/1997 | Spracherwerb in Minderheitensituationen | 10,50 |
| 55/1997 | Neue Medien im Deutschunterricht | 10,50 |
| 56/1998 | Schriften schreiben | 10,50 |

## Lieferbare Hefte

| | | |
|---|---|---|
| **57/1998** | Sprache und/oder Gewalt | 10,50 |
| **58/1999** | Sprache in religiösen Kontexten | 10,50 |
| **59/1999** | Sprache in der Hochschullehre | 10,50 |
| **60/1999** | Sprache an der Jahrtausendwende | 10,50 |
| **61/2000** | Sprachliche Formen und literarische Texte | 13,00 |
| **62/2001** | Sprechalter | 13,00 |
| **63/2001** | Hypermedien und Wissenskonstruktion | 13,00 |
| **64/2002** | Briefkommunikation im 20. Jahrhundert | 13,00 |
| **65/2003** | „Multisprech": Hybridität, Variation, Identität | 13,00 |
| **66/2003** | Diagnostik und Schrift I: Die Schreiber | 13,00 |

## *Beihefte*

| **Heft/Jahr** | **Titel** | |
|---|---|---|
| **11/2000** | Die Sprache der Schule und die Sprache der Schüler | 13,00 |
| **12/2002** | Effektiv studieren | 14,00 |

*In Vorbereitung*

| | |
|---|---|
| **67/2004** | Diagnostik und Schrift II: Schreibfähigkeiten |
| **68/2004** | Internetbasierte Kommunikation |
| **69/2005** | Paradigms lost* |

*Arbeitstitel

*Bestellungen bitte an:*

Firma Gilles & Francke KG, Blumenstraße 67-69, 47057 Duisburg
Telefon: (02 03) 362787, Telefax: (0203) 355520
E-Mail: buchversand@gilles-francke.de

**Eine vollständige Liste aller erschienenen OBST-Hefte und die Möglichkeit zur Online-Bestellung finden Sie unter:**

`http://www.linse.uni-essen.de/linse/obst/bestellungen.html`